AMERIKA

Die 50 Staaten der USA

Titel der Originalausgabe: America
Übertragung aus dem Englischen: Reinhard Krischer
Redaktion: Dieter Krumbach

Printed in Hongkong

ISBN 3-86070-222-X

AMERIKA

Die 50 Staaten der USA

Marvin Karp

KARL MÜLLER VERLAG

„Wird es im Verlauf der Geschichte der Menschheit für ein Volk notwendig, die politischen Bindungen, die es mit einem anderen verband, zu lösen und unter den Staaten der Erde die unabhängige und ebenbürtige Stellung einzunehmen, die ihm gemäß den Gesetzen der Natur und des Gottes dieser Natur zusteht, erfordert eine gebührende Achtung vor der Meinung der Menschheit, daß es Gründe erklären sollte, die es zu dieser Loslösung veranlassen . . . "

„Die folgenden Wahrheiten erachten wir als selbstverständlich: daß alle Menschen gleich geschaffen sind, von ihrem Schöpfer mit gewissen unveräußerlichen Rechten ausgestattet; dazu gehören Leben, Freiheit und das Streben nach Glück . . . "

Mit dieser Präambel beginnt eines der schlichtesten und dennoch beeindruckendsten Dokumente in der Geschichte der Menschenrechte: die amerikanische Unabhängigkeitserklärung. Als die Repräsentanten der 13 britischen Kolonien in Amerika ihre Unterschriften darunter setzten, machten sie sich einerseits zu verräterischen Rebellen, aber andererseits zu Gründervätern. Denn dieses vom Zweiten Kontinentalkongreß am 4. Juli 1776 in Philadelphia angenommene Dokument stellte die 13 Kolonien in offene Rebellion gegen das Mutterland. Es verkündete auch die Entstehung einer neuen Nation: die Vereinigten Staaten von Amerika.

Der Bruch mit England war keine hastige Entscheidung gewesen, sondern im Laufe von vielen Jahren immer unausweichlicher geworden. Lange schon mißfielen den Kolonien ihr untergeordneter Status und die ihnen aufgezwängte harte Besteuerungspolitik, und erfolglos ersuchten sie das Königshaus um Änderung oder Milderung. Obwohl viele der Kolonien so unterschiedlich voneinander waren wie die einzelnen Länder der Alten Welt, wurde ihre Abneigung gegen die britische Herrschaft schließlich groß genug, um sie gegen den gemeinsamen Feind zu vereinen. Als sie offiziell ihre Absicht, unabhängig zu werden, erklärten, war ihr Widerwillen bereits in offenen Widerstand umgeschlagen. Am 19. April 1775 kam es bei Lexington und Concord in Massachusetts zur Konfrontation zwischen britischen Rotröcken (nach ihren Uniformen so bezeichnet) und kolonialen Minutemen (so benannt, weil diese Bürgerwehrmänner ihr Gewehr stets griffbereit hatten – und innerhalb einer Minute fertig zum Kampf waren). Es fielen die ersten Schüsse der Revolution, und das erste Blut wurde vergossen. Der Geist der Unabhängigkeit und die Bereitschaft, alles zu tun, was zu dessen Erhaltung nötig ist, gingen hieraus als integraler Bestandteil des amerikanischen Ethos und Charakters hervor.

Aber nichts davon hätte je geschehen können, wenn es nicht einen eigenständig denkenden und entschlossenen italienischen Seefahrer gegeben hätte, der unter spanischer Flagge seinem Traum in Richtung Sonnenuntergang nachsegelte und eine neue Welt entdeckte. Christoph Kolumbus, ein erfahrener Seefahrer aus Genua, war davon überzeugt, westwärts segeln zu können ohne die damals bestehende Furcht, vom Rand der Erde zu stürzen, und statt dessen den kürzesten Weg zu den Reichtümern des Orients zu entdecken.

Zu jener Zeit wurde der größte Teil des Handels mit Indien und China über anstrengende Landwege abgewickelt, die noch aus der Zeit der Kreuzritter und Marco Polos stammten. Fast zehn Jahre lang hatte Kolumbus bei verschiedenen Königshäusern Europas um finanzielle Unterstützung zur Ausrüstung einer See-Expedition zur Untermauerung seiner Theorie gebeten, stets ohne Erfolg.

Dann, im Jahre 1487, geschah ein bedeutender Durchbruch, als der portugiesische Kapitän Bartolomëu Diaz um die südlichste Spitze Afrikas und weiter östlich zum Orient segelte. Der Erfolg der Eröffnung dieser Seehandelsroute durch das kleine Nachbarland Portugal trieb Königin Isabella von Spanien dazu, in den Traum des Kolumbus zu investieren. Diese auf etwa 14 000 Dollar geschätzte Geldanlage sollte Spanien unschätzbaren Reichtum und Herrschaft über eine neue Welt bescheren. Doch als am 3. August 1492 drei kleine Schiffe, die Santa Maria, die Niña und die Pinta, unter dem Kommando von Christoph Kolumbus mit der Flut vom Hafen von Palos in Spanien lossegelten, lag all das noch in ferner Zukunft. Ihr Ziel war: Indien.

Nachdem man unbekannte Meere, beinahe eine Meuterei und die längste Reise ohne Sicht auf Land, die je jemals unternommen wurde, heil überstanden hatte, erreichte die Flotte in den frühen Morgenstunden des 12. Oktobers eine kleine Insel jener Gruppe, die heute als die Bahamas bekannt ist. Kolumbus und seine Männer hißten die spanische Fahne auf dieser Insel und nannten sie San Salvador. Laut der Geschichtsschreibung waren sie die ersten Europäer, die Fuß auf die Westliche Hemisphäre setzten, obwohl behauptet wird, daß einige Wikinger die Küste Nordamerikas bereits schon im Jahre 1000 vor Christus erreicht haben sollen.

In Erinnerung an die Leistung des Kolumbus wird seit 1920 in den gesamten Vereinigten Staaten der 12. Oktober als gesetzlicher Feiertag begangen. Der erste Kolumbus-Tag wurde im Jahre 1792 aus Anlaß des dreihundertsten Jubiläums der Entdeckung begangen. Danach wurde erst wieder das vierhundertste Jubiläum im Jahre 1892 gefeiert.

Überzeugt davon, daß San Salvador (heute auch als Watling Island bekannt) und andere Inseln, darunter eine große Insel, die er Hispaniola (Kleinspanien) taufte, vor der Küste Indiens liegen würden, nannte Kolumbus das Gebiet die „Westindischen Inseln" und die Einwohner „Indianer". Er ging irrtümlicherweise auch davon aus, daß Kuba ein Teil von China sei.

Kolumbus unternahm noch drei weitere Kolonialisierungs- und Entdeckungsfahrten, und mit jeder Fahrt wagte er sich weiter und weiter über das Meer, bis er einige Teile Zentralamerikas und schließlich die nordöstliche Küste von Südamerika erreichte. Nie war er sich bewußt, daß seine Suche durch das Landmassiv, das seinen Weg versperrte, zum Scheitern verurteilt war. Es dauerte bis 1519-20, einige Jahre nach dem Tod von Kolumbus, ehe Ferdinand Magellan, ein portugiesischer Seefahrer in spanischen Diensten, einen Weg zum Orient fand, indem er die südliche Spitze Südamerikas umsegelte und den Pazifik erreichte.

Am 20. Mai 1506 starb Christoph Kolumbus in der spanischen Stadt Valladolid, ungeehrt, praktisch verarmt und sich wahrscheinlich nicht der Größe des Beitrags bewußt, den er für die Welt und die Geschichte geleistet hatte. Wie das Schicksal so spielt, wurde seine Leistung noch schwerwiegender verkannt, als ein deutscher Kosmograph der Neuen Welt den Namen „Amerika" gab, da dieser fälschlicherweise den florentinischen Seefahrer Amerigo Vespucci für den Entdecker hielt.

Während des 16. Jahrhunderts war Spanien das Land, das als erstes am meisten von den Entdeckungen des Kolumbus profitierte. Bewaffnete Expeditionen wurden nach Mexiko, Zentral- und Südamerika entsandt, wo diese auf die blühenden Zivilisationen der Mayas, Azteken und Inkas stießen. Aber darüber hinaus fanden die Conquistadores Gold, Silber und Edelsteine, die ihre größten Erwartungen übertrafen. Da sie mehr Interesse am Erobern statt am Kolonialisieren hatten, nutzten die Eindringlinge ihre überlegene Waffentechnik, um auf ihren Beutezügen durch das Land die Einwohner zu besiegen und zu versklaven. Bald trugen gewaltige Flotten spanischer Schiffe die erbeuteten Schätze in regelrechtem Pendelverkehr fort in ihre Heimat.

Seltsamerweise wurde dem nordamerikanischen Kontinent nicht viel Aufmerksamkeit gewidmet. In der Hoffnung, eine Nordwestpassage nach Indien zu finden, wurden von den Engländern, Holländern und Franzosen und auch von den Spaniern kleine Erkundungstrupps entsandt. Bis fast zum Ende des Jahrhunderts wurde außer der spanischen

Gründung von St. Augustine in Florida im Jahre 1565 von keiner europäischen Macht der Versuch unternommen, eine feste Siedlung zu etablieren. Die Engländer schienen es weitaus mehr vorzuziehen, spanische Schatz-Galeonen und spanische Häfen in der Neuen Welt zu kapern, statt sich für die kommerziellen Möglichkeiten der Kolonialisierung zu interessieren. Andere Länder stellten fest, daß es ihren Bürgern widerstrebte, den Komfort des eigenen Heims gegen die Unsicherheiten eines Lebens in der Wildnis einzutauschen.

ROANOKE ISLAND

Die ersten ernsthaften Versuche einer Kolonialisierung durch die Engländer wurden von Sir Walter Raleigh gefördert – Soldat, Entdecker, Privatier und Favorit der Königin Elisabeth I. Er organisierte im Jahre 1584 eine Expedition, die die Küste Nordamerikas vom heutigen Staat North Carolina bis hinunter nach Florida erkundete. Zu Ehren der „Virgin Queen" benannte er das Gebiet Virginia. Im Jahr darauf entsandte er eine weitere Expedition mit über 100 nur aus Männern bestehenden Kolonisten, die die Aufgabe hatten, eine feste Siedlung auf Roanoke Island zu errichten. Aber deren Unvermögen, in der Wildnis zurechtzukommen, Krankheiten und Angst forderten große Opfer und veranlaßten innerhalb eines Jahres die Überlebenden, auf den Schiffen von Sir Francis Drake, der dort vor Anker gegangen war, um die Kolonie zu inspizieren, nach England zurückzukehren.

Im Jahre 1587 entsandte Raleigh eine weitere Gruppe von Kolonisten, die aus 91 Männern, 17 Frauen und 9 Kindern bestand und von John White geführt wurde. Bald nach deren Ankunft in Roanoke vergrößerte sich die Anzahl der Kolonisten, als ein Mädchen zur Welt kam. Es war die Tochter von Ananias Dare und Ellinor White. Sie erhielt den Namen Virginia Dare und war das erste englische Kind, das in der Neuen Welt geboren wurde. Aber dies mag das letzte glückliche Ereignis in jener ansonsten glücklosen Siedlung gewesen sein.

John White, der Führer der Expedition und Großvater des Kindes, kehrte nach England zurück, um dringend notwendiges Versorgungsmaterial zu holen. Unglücklicherweise konnte er aber seine Heimat nicht mehr verlassen, denn Philip von Spanien hatte im Jahre 1588 seine Armada zur Eroberung Englands ausgesandt. So konnte John White erst im Jahre 1591 mit den Versorgungsgütern zurückkehren. Er fand aber die Siedlung verlassen und ohne jegliches Zeichen der Kolonisten vor. Keine Spur wurde je von ihnen gefunden. Der einzige Hinweis, den sie hinterließen, war ein in einen Baumstamm geritztes Wort. Das Wort lautete „Croatan".

Die einzigen materiellen Gewinne, die aus dem Scheitern von Roanoke Island gezogen werden konnten, scheinen die weißen Kartoffeln gewesen zu sein, die Sir Ralph Lane, Gouverneur dieser ersten, kurzlebigen Kolonie, auf seinem irischen Anwesen anbaute, und der Tabak, den Raleigh durch das Rauchen des braunen Blattes beliebt machte.

Trotz des erfolglosen Versuchs, Roanoke Island zu kolonisieren, hatte sich der Gedanke durchgesetzt, englische Siedlungen auf dem amerikanischen Kontinent aufzubauen. Man erkannte auch, daß Förderung und Unterhalt solcher Unternehmen die finanziellen Möglichkeiten eines einzelnen überstiegen. Notwendig war die Unterstützung entweder der Krone oder einer finanzkräftigen Organisation, wie die einer Kapitalgesellschaft.

Als James I. König von England wurde, entschloß er sich für eine Gesellschaft und erteilte an zwei Handelsgruppen Konzessionen zur Erschließung von zwei Siedlungsgebieten, von denen jedes 25 900 Quadratkilometer umfassen sollte. Der London Company wurde das Gebiet zwischen dem 34. und dem 41. Breitengrad zugeteilt. Das Territorium der Plymouth Company lag nördlich davon zwischen dem 38. und dem 45. Breitengrad.

In den Konzessionen war festgelegt, daß einem Rat, der vom König ernannt und in England tagen würde, die Beaufsichtigung der Gesamtleitung jeder Kolonie oblag. Dieser wiederum würde einen Lokalrat ernennen, der die alltäglichen Geschäfte und Angelegenheiten in Amerika regeln sollte. Dieser Kolonialrat sollte selbständig arbeiten, sich aber an das englische Gesetz halten und keine eigenen Gesetze, die Leben und Wohlergehen betrafen, verabschieden.

JAMESTOWN, VIRGINIA

Als die London Company Anteile für ihr Kolonisationsunternehmen in Virginia anbot, verschrieben sich erwartungsvoll Hunderte von Engländern einer Idee, die sie für eine Möglichkeit hielten, schnelle Gewinne zu machen. Mit dem Geld wurde eine kleine Flotte ausgerüstet, und am 20. Dezember 1606 segelten unter dem Kommando von Kapitän Christopher Newport die „Susan Constant", die „Godspeed" und die „Discovery" themseabwärts mit Ziel Virginia. An Bord befanden sich 104 Auswanderer (100 Männer und vier Jungen), deren Hauptinteresse die Suche nach Gold und anderen Schätzen war.

Fünf Monate später erreichten die Schiffe Chesapeake Bay, segelten den James River etwa 60 Meilen stromaufwärts und ankerten am 14. Mai vor einer kleinen Halbinsel. Die Kolonisten gingen an Land, errichteten ihre Siedlung und benannten sie und den Fluß zu Ehren von König James nach ihm. Unglücklicherweise erwies sich das für Jamestown ausgewählte Land als erstes Unheil in einer ganzen Serie von Katastrophen, die die noch junge Kolonie beinahe auslöschten. Die Siedlung befand sich auf sumpfigem Gelände mit unsauberem Wasser, das bei vielen der Männer zu Malaria, Ruhr und Lungenentzündung führte.

Schnell wurde klar, daß nur wenige der Kolonisten über jene Fertigkeiten, Wissen oder Interessen verfügten, die notwendig waren, um in der Wildnis zu überleben. Sie hatten diese Reise angetreten, um ebenso wie die Spanier Goldschätze zu finden und mit nach England zurückzubringen.

Aber es gab kein Gold, keine Schätze, die nur auf das Einsammeln warteten, sondern nur Krankheiten, schwindende Lebensmittelvorräte und Unzufriedenheit. Ohne die Disziplin und Entschlossenheit von Kapitän John Smith hätte die Kolonie schon jenen ersten Winter nicht überlebt.

Smith hielt sie an, Unterkünfte zu bauen, und betrieb Tauschhandel mit den Indianern, um Mais und andere Nahrungsmittel zu bekommen. Er überlebte die Gefangennahme durch Powhatan, Häuptling des 30 Stämme großen Indianerbündnisses in Virginia. Pocahontas, die Tochter des Häuptlings, rettete Smith vor der Hinrichtung. Einige Jahre später heiratete sie John Rolfe, einen der Kolonisten, was zu einem vorübergehenden Frieden zwischen den Indianern und den Siedlern führte.

Als Smith zur Behandlung von Verletzungen, die er sich bei einem Unfall zugezogen hatte, nach England zurückkehrte, sank der Zustand der Kolonie auf ihren Tiefstpunkt. Ohne ausreichende Vorräte, um den Winter 1609-10 zu überdauern, und voller Angst vor Indianerangriffen machten die Einwohner von Jamestown das durch, was später die „Hungerszeit" genannt wurde. Sie verspeisten alles, was sie in der Umgebung finden konnten, einschließlich Schlangen, Ratten, Mäusen und Wurzeln. Um das Risiko des Brennholzsuchens im Wald zu umgehen, verfeuerten sie die Balken ihrer eigenen Häuser.

Als im Mai 1610 eine Rettungsexpedition eintraf, bestand Jamestown nur noch aus einer Handvoll Überlebender, die nichts mehr ersehnten als die Rückkehr nach England. Aber zusammen mit frischen Vorräten und einer neuen Gruppe von Siedlern traf ein anderer Gouverneur, Thomas West (Lord De La Warr), ein, der eine neue Konzession der Virginia Company mitbrachte, die den Einwohnern Anteile anbot, für die sie mit ihrer Arbeit bezahlen konnten. Nun konnten die Kolonisten sich ein dauerhaftes Stück der Neuen Welt erarbeiten, indem sie sich niederließen, um Landwirtschaft zu betreiben und einheimische Industrien und Produkte zu entwickeln.

Das erste wichtige Resultat dieser neuen Politik war, daß John Rolfe aus Trinidad Tabaksamen einführte, der ein milderes Blatt erbrachte als der einheimische Virginia-Tabak und sich so besser verkaufen ließ. Innerhalb von zwei Jahren blühte der Tabakanbau derart, daß Jamestown Ernteerträge in Höhe von etwa $ 8 Millionen nach England exportierte. Um weitere Kolonisierung und erhöhte Produktion anderer Naturerzeugnisse zu fördern, wurde die Konzession der Gesellschaft ergänzt, damit Land als Anreiz für potentielle Kolonisten angeboten werden konnte. Dies wurde ein großer Erfolg, und neue Siedlungen schossen rund um Jamestown wie Pilze aus dem Boden.

Das Jahr 1619 erwies sich als ein Meilenstein für Jamestown und für die Gründung einer zukünftigen Nation, denn drei wichtige Ereignisse fanden innerhalb dieser zwölf Monate statt. Am 9. August trat in der Kirche von Jamestown die erste Versammlung von Repräsentanten zusammen. Diese Versammlung, genannt „House of Burgesses", setzte sich zusammen aus dem Gouverneur, George Yeardley, dessen Rat und 22 Abgeordneten („burgesses"), von denen je zwei aus den nahegelegenen Siedlungen gewählt worden waren. Zweck der Versammlung war es, neue Gesetze für die Kolonie zu erarbeiten. Von diesem Tag an war Virginia praktisch selbstverwaltet, obwohl die englische Regierung Vetorecht gegen Gesetze besaß, die sie als unvorteilhaft erachtete.

Diese Versammlung wurde das Vorbild für viele der gesetzgebenden Organe, die später die Grundlage der Selbstverwaltungen in den gesamten Vereinigten Staaten waren. Dies war ein entscheidender erster Schritt auf dem Weg zur Demokratie.

Das nächste folgenreiche Ereignis war die Ankunft eines holländischen Schiffes in Jamestown, das zwanzig Neger mitbrachte, die als Leibeigene verkauft wurden. Damit begann im amerikanischen Süden die Zeit der Sklaverei.

Das dritte Ereignis war die Ankunft einer ganzen Schiffsladung von „jungen, hübschen und aufrecht erzogenen Jungfern", die von der Virginia Company geschickt worden waren, damit die Junggesellen der Kolonie Ehefrauen bekommen würden. Ziel der Company war es, die Entwicklung einer gefestigten Gemeinschaft in den Siedlungen und ein Gefühl der Beständigkeit in der Kolonie zu fördern. Drei Jahre später, nach dem Tod von Häuptling Powhatan, beendete dessen Nachfolger am Karfreitag den bestehenden Frieden und tötete einige hundert Kolonisten. Die Kolonie aber war bereits so gefestigt, daß diese oder nachfolgende Angriffe der Indianer sie nicht mehr zerstören konnten. Von diesem Zeitpunkt an herrschte zwischen den Kolonisten und den Indianern der Kriegszustand.

Im Jahre 1676 wurde Jamestown niedergebrannt, als der Pflanzer Nathaniel Bacon eine Rebellion gegen den Königlichen Gouverneur anführte (die Krone hatte Virginia im Jahre 1624 als Königliche Kolonie übernommen). Im Jahre 1698 brannte die Stadt wieder nieder, doch statt Jamestown wieder aufzubauen, verlegten die Virginier dieses Mal ihre Hauptstadt nach Williamsburg.

NEUENGLAND

Die Pilgrims

Kapitän John Smith war nicht nur dafür verantwortlich, die Jamestown-Kolonie während deren ersten verzweifelten Winter vor der Auslöschung bewahrt zu haben, sondern er spielte zweifellos auch eine unbeabsichtigte, aber wichtige Rolle bei der Errichtung der zweiten ständigen englischen Siedlung in Amerika.

Nachdem er sich von den Verletzungen erholt hatte, die ihn zur Rückkehr nach England gezwungen hatten, wurde Smith im Jahre 1614 von einigen Londoner Händlern angeheuert, um eine Walfangexpedition entlang der Küste Nordamerikas zu führen. Das gab ihm die Möglichkeit, dieses Gebiet zu erkunden. Später berichtete er darüber in einem Buch mit dem Titel „A Description of New England".

Smiths Buch sorgte in England für so viel Interesse und Aufregung, daß es für das 17. Jahrhundert so etwas wie ein Bestseller wurde. Einige Handelsmitglieder der London Company, die spürten, daß dies die rechte Zeit für die Errichtung einer zweiten festen Kolonie in der Neuen Welt sein könnte, erlangten ein königliches Patent für die Region, die zwischen dem 40. und 48. Breitengrad lag und sich von Meer zu Meer erstreckte. Der nächste Schritt war die Anwerbung zukünftiger Kolonisten. Wie das Schicksal es wollte, gab es eine schon reisebereite Gruppe von Leuten in Holland, die einen neuen Lebensraum suchte.

Einige Jahre zuvor hatte eine Gruppe religiöser Dissidenten England verlassen und sich in Leyden in Holland niedergelassen, um der Verfolgung als Abtrünnige von der Anglikanischen Kirche zu entgehen. Es fiel diesen Menschen, die Separatisten genannt wurden, schwer, sich an das Leben in Holland zu gewöhnen, und sie waren daher bereit, wieder umzusiedeln. Als die London Company ihnen die Überfahrt, Land in Amerika und die Chance zur freien Glaubensausübung anbot, nahmen sie an.

Sie kehrten nach England zurück, wo in Plymouth das Schiff „Mayflower" und eine andere Gruppe ungeduldiger Auswanderer, die sie die Fremden nannten, warteten. Letztere Gruppe bestand nicht aus Religionsflüchtlingen, sondern aus Angehörigen der Kirche von England, die in Amerika einen Ort sahen, wo sie eigenes Land besitzen und ihr Leben allgemein verbessern könnten. Am 16. September 1620 lichtete die „Mayflower" ihren Anker und stach in See mit den Pilgrims, bestehend aus 40 Separatisten und 62 Fremden, die von ihrer Zusammensetzung her schon Konflikte erahnen ließen.

Draußen auf See wurde dann schnell deutlich, daß die Separatisten den Anglikanern gegenüber keinen Deut toleranter waren, als es die Kirche von England ihnen gegenüber gewesen war. Während das Schiff sich durch das stürmische Meer kämpfte, provozierten die Spannungen zwischen den beiden Gruppen, das schlechte Wetter und die beengten Unterkünfte eine Stimmung, die fast zum Ausbruch von Gewalttätigkeiten führte. Dann, am 65. Tag, als eine Konfrontation unvermeidbar schien, ging die „Mayflower" in Provincetown Harbor, an der Innenseite der Spitze von Cape Cod, vor Anker. Schnell erkannten die Auswanderer, daß sie weit nördlich ihres vorgesehenen Zieles gelandet waren, und zwar so weit nördlich, daß sie sich außerhalb der Territorialgrenze des Patents der London Company befanden. Es war der 21. November, und statt noch einmal das Risiko der stürmischen See einzugehen, beschlossen die erschöpften Auswanderer, in diesem Gebiet zu siedeln.

Um die Einheit der gerade entstehenden Kolonie zu erhalten und um einige Richtlinien für das Gemeinwohl zu erstellen, entwarfen die Führer der Pilgrims den heute berühmten „Mayflower Compact", den ersten Plan für eine selbstbestimmte Regierung, der je in Amerika erarbeitet und in Kraft gesetzt wurde. Gemäß diesem Dokument, das von allen 41 männlichen Erwachsenen beider Gruppen unterzeichnet wurde, vereinbarten die Separatisten und die Fremden, eine Regierung zu gründen und sich von „gerechten und gleichen Gesetzen", die von dieser Regierung festgelegt werden würden, leiten zu lassen. Dann wählten sie in der ersten freien Wahl, die je in diesen Breiten abgehalten wurde, den Diakon John Carver zum ersten Kolonialgouverneur in der Neuen Welt.

Erkundungstrupps brauchten wegen dem ungünstigen Wetter bis zum 21. Dezember, um einen geeigneten Platz für die Siedlung zu finden. Fünf Tage später gingen die restlichen Kolonisten an jenem Ort an Land, den sie Plymouth benannten, und begannen mit der Errichtung primitiver Hütten und Unterstände, um sich gegen das bitterkalte Klima zu schützen. Krankheiten, Mangel an geeigneten Nahrungsmitteln und schlechtes Wetter rafften die Siedler dahin; bis zum Frühjahr überlebte nur die Hälfte von ihnen. Aber für die Überlebenden gab es eines Tages im März eine freudige Überraschung, als ein Indianer namens Samoset in ihr Dorf kam, und sich ihnen vorstellte. Zwei Wochen später kehrte er mit einem anderen Indianer namens Squanto zurück, der den Kolonisten in den darauffolgenden Monaten zeigte, wie sie die Ernteerträge ihrer Felder steigern konnten und wie man jagte und fischte.

Später in jenem Frühjahr unterzeichneten die Kolonisten und die Indianer unter ihrem Häuptling Massasoit einen Friedensvertrag und begannen mit dem Pelzhandel. Im Herbst ging es Plymouth dann schon so gut, daß William Bradford, der nach dem Tod von John Carver Gouverneur geworden war, ein dreitägiges Fest ausrief und auch die befreundeten Indianer einlud, am ersten „Thanksgiving" (jenem heute noch alljährlich gefeiertem Erntedankfest) teilzunehmen.

Neue Siedler trafen aus England ein und die Kolonie wuchs und entwickelte sich erfolgreich weiter. 1627 war es den Bewohnern bereits möglich, ihre Schuldverpflichtungen über 1800 Pfund von der London Company zurückzukaufen und sich so von der finanziellen Kontrolle Englands zu befreien.

Die Puritaner

Die Separatisten waren nicht die einzige Gruppe, die sich gegen die Kirche von England stellte, doch die anderen Protestanten versuchten Reformen herbeizuführen, indem sie innerhalb der Kirche agierten, statt sich von ihr zu trennen. Ihr Ziel war es, die Kirche mittels Verzicht auf Pomp und Zeremonie und Macht zu „purifizieren". Daher der Name „Puritaner".

Ermutigt durch den Erfolg der Kolonie von Plymouth und der kleineren danach entstandenen Siedlungen beantragte und erhielt eine Gruppe von Puritanern unter der Führung von John Winthrop von König Charles I. eine Konzession zur Errichtung ihrer eigenen Kolonie. Die Konzession, die im Jahre 1629 der Massachusetts Bay Company erteilt wurde, war genau wie der „Mayflower Compact" ein weiterer wichtiger Schritt hin zur amerikanischen Demokratie. In diesem Fall räumte die Konzession den Puritanern das Recht ein, sich in Amerika ohne Beaufsichtigung eines Rates in England selbst zu verwalten.

Zuerst schloß sich eine dreihundertköpfige Gruppe von Puritanern unter der Führung von John Endecott der drei Jahre alten Pilgrim-Siedlung in Salem an, verließ diese dann aber wieder im folgenden Jahr und gründete ihre eigene Siedlung in der Nähe der heutigen Stadt Boston. Kurz darauf stieß eine weitere von John Winthrop geführte Gruppe von Puritanern zu ihnen hinzu.

Die ungewohnten Härten des Lebens in der Wildnis schwächten die Siedler derart, daß sie in ihrer Verzweiflung die Plymouth-Kolonie um medizinischen Beistand ersuchten. Die Pilgrims kümmerten sich daraufhin nicht nur um das gesundheitliche, sondern auch um das seelische Wohlergehen der Puritaner. Sie überzeugten die Puritaner davon, gänzlich mit der Kirche von England zu brechen und die Lehren der Kirche der Pilgrims anzunehmen. Dies bedeutete, daß jede Gemeinde selbstverwaltet wurde und der Pastor und die Gemeindeverwalter von den Gemeindemitgliedern gewählt wurden. Mit dem Versammlungshaus als Zentrum sollte das eng miteinander verwobene weltliche und religiöse Leben aller Zeremonie entledigt werden, um so zu jenen einfachen Lebensweisen biblischer Zeit zurückzukehren, in der die Heilige Schrift das einzige Gesetz war. All dies wurde im Namen eines demokratischen Egalitarismus verkündet, der zwar als lobenswertes Konzept gepredigt, jedoch nicht wirklich praktiziert wurde. So waren zum Beispiel die Pilgrims und die Puritaner gegenüber jeglichen anderen Religionen, die innerhalb ihrer Gemeinden praktiziert wurden, derart intolerant, daß später sogar einige Gemeindemitglieder verbannt wurden oder die Kolonie verließen, um sich anderenorts niederzulassen.

England erlebte während dieser Zeit unter der Herrschaft von Charles I. eine Periode voller Unruhe und Unzufriedenheit. Dies setzte eine Auswanderungswelle nach Amerika in das Gebiet der Bay Colony in Gang. Bis zum Jahre 1640 lebten bereits etwa 10 000 Siedler in und um Boston. Das waren mehr Menschen als die gesamte Bevölkerung aller anderen englisch-amerikanischen Kolonien. Als die Bay Colony weiterwuchs und die Kolonisten sich immer mehr ausbreiteten, um neue Siedlungen zu gründen, wurden deren indianische Freunde wegen des zunehmenden Vordringens in ihr Land immer empfindlicher.

In dem Gebiet, das als Connecticut bekannt wurde, kam es bereits im Jahre 1636 zu ersten richtigen Feindseligkeiten, als dort Siedler aus Massachusetts mit der Bewirtschaftung von Land begannen, das den Pequot-Indianern gehörte. Die Kämpfe endeten damit, daß mehrere hundert Indianer bei lebendigem Leibe verbrannten oder auf der Flucht getötet wurden; die Überlebenden des Stammes wurden als Sklaven auf die Westindischen Inseln verkauft.

Ergebnis dieses blutigen Zusammenstoßes war, daß die Kolonisten zu ihrem gemeinsamen Schutz die Konföderation von Neuengland bildeten. Dies war der erste Versuch einer Konföderation von Kolonien in der Neuen Welt. Obwohl sie nur 20 Jahre hielt, diente sie als ein Lehrstück für Kooperation, das über 100 Jahre später wichtige Auswirkungen auf die amerikanische Geschichte haben würde.

Der zweite große Zusammenstoß mit den Indianern geschah im Jahre 1675, als King Philip, der Sohn von Häuptling Massasoit, versuchte, die weißen Siedler aus Neuengland zu vertreiben. Obwohl die Kolonisten Philip am 6. August 1676 in einer Schlacht töteten, ging der Krieg noch zwei Jahre weiter. Ehe die Indianer besiegt waren, hatten sie über 1000 Siedler getötet und ein Dutzend Ortschaften zerstört. Während dieser Auseinandersetzungen fürchteten die Kolonisten auch immer noch die Spanier, die die gesamte Neue Welt für sich beanspruchten und noch bis zum Ende des Jahrhunderts die Politik „kein Frieden hinter der Grenze" verfolgten.

Obwohl die Kolonisten von Massachusetts ein großes Maß an Unabhängigkeit vom König oder vom Parlament genossen, waren sie immer noch an die Vereinbarungen der von Charles I. erteilten Konzession gebunden. Als sie sich weigerten, ihren Handel nur auf das Mutterland zu beschränken, widerrief im Jahre 1684 Charles II. die Konzession. Sein Nachfolger James II. setzte dann eine Regierung für die gesamten Nordkolonien ein, die er Dominion of New England nannte. Im Jahre 1691 wurde dies von William und Mary rückgängig gemacht, als diese eine neue Konzession erteilten, die die Plymouth Colony mit der Massachusetts

Bay Colony und der Insel Martha's Vineyard vereinte und diese zusammen zu einer Königlichen Kolonie machte. Im darauffolgenden Jahr wurde Sir William Phips der erste Königliche Gouverneur von Massachusetts und beendete damit vorübergehend den Versuch einer begrenzten Demokratie.

RHODE ISLAND

Der erste wahre Apostel einer völligen religiösen und politischen Freiheit war ein englischer Geistlicher namens Roger Williams, und die Kolonie, die er gründete, wurde das erste echte Beispiel einer funktionierenden Demokratie. In der Tat wurde vieles von dem, was Williams vertrat, später mit in die Verfassung der Vereinigten Staaten aufgenommen.

Wegen seiner freimütigen Abweichung von der Anglikanischen Kirche wurde Williams gezwungen, aus England zu fliehen, und traf zu Beginn des Jahres 1631 in Boston ein. Er verzichtete auf die Stelle eines Geistlichen in einer Kirche in Boston, da ihm diese nicht genügend separatistisch war, und wurde statt dessen Pfarrer einer Kirche in Salem. Doch bald schon gab es Meinungsverschiedenheiten zwischen ihm und der Kirchengemeinde, weil er so offen gegen religiöse Intoleranz und soziale Ungerechtigkeit eintrat.

Er glaubte, es sei das Recht jedes einzelnen, Gott auf ganz eigene Weise zu verehren und nicht religiöser Bevormundung unterworfen zu sein. Er meinte, Regierung und Religion sollten getrennte Aufgaben haben, ohne Beziehung zueinander und unabhängig voneinander. Er glaubte, daß die Regierung, da sie eine vom Volk eingesetzte Institution ist, dem Volk gegenüber verantwortlich ist und geändert werden soll, wann immer dieses das so wünscht, und daß jedes Individuum auf Grund von natürlichen Gesetzen ganz bestimmte Rechte habe. Schließlich glaubte er auch, daß die Kolonisten die Rechte der Indianer verletzt hätten, indem sie deren Land ohne Erlaubnis oder Bezahlung fortgenommen hatten.

Wegen der Verbreitung dieser „neuen und gefährlichen Meinungen gegen die Autorität des Magistrats" ordnete das Oberste Gericht von Massachusetts am 13. September 1635 die Verbannung von Roger Williams an.

Davon unbeeindruckt führte Williams eine Gruppe von Freiheit suchenden Siedlern aus der Bay Colony und überquerte die Narraganset-Bucht nach Rhode Island. Dort erwarb er von einigen freundlichen Indianerstämmen ein wenig Land und gründete eine Gemeinde, die er Providence nannte.

Williams setzte ein Regierungssystem ein, das auf der Zustimmung der Bürgerschaft fundierte, indem häufig Wahlen abgehalten und örtliche Selbstverwaltung praktiziert wurden. Er schuf auch eine anpassungsfähige Verfassung. Bald zogen gleichgesinnte Kolonisten dieses Refugium der Demokratie von Massachusetts vor, und es entstanden drei neue Siedlungen: Portsmouth, Newport und dann Warwick. Um die Rechtmäßigkeit seiner Kolonie herzustellen, erlangte Williams im Jahre 1644 eine Konzession von der Englischen Parlamentarischen Kommission und vereinigte die vier Siedlungen unter deren Protektion. Gemäß den Vereinbarungen dieser Konzession wurden die Kolonie von Rhode Island und deren demokratisches Regierungssystem formell anerkannt.

PENNSYLVANIA

Im Jahre 1644, jenem Jahr, in dem Roger Williams in London war, um eine Konzession für Rhode Island zu erlangen, wurde dem britischen Helden der Kriegsmarine Admiral Sir William Penn ein Sohn geboren, der auf den Namen William getauft wurde. Genauso standhaft, wie Roger Williams in seiner Befürwortung religiöser Toleranz, der Rechte des einzelnen und demokratischer Verfahrensweisen war, so würden auch die Bemühungen des jungen William Penn sein, in der Neuen Welt eine neue Freiheitsordnung einzuführen.

William Penn, erzogen und ausgebildet als Aristokrat, war 16 Jahre alt, als er sich in Oxford einschrieb, im selben Jahr, als nach dem Tod von Oliver Cromwell die Familie Stewart auf den Thron zurückkehrte. Das Universitätsleben sagte ihm jedoch nicht zu. Penn waren die Kleiderordnung und das Gehabe der Studenten zu affektiert, aber wichtiger noch, er nahm jene Universitätsvorschrift übel, die jeden dazu zwang, den Gottesdiensten der Kirche von England beizuwohnen. Als er sich mit anderen dissidierenden Studenten traf, um gegen den Mangel an religiöser Freiheit zu protestieren, wurde er der Universität verwiesen.

Mehrere Jahre verbrachte Penn dann mit Reisen und dem Studium der Jurisprudenz, und im Jahre 1667 ging er nach Irland, um die Ländereien seines Vaters zu verwalten. Dort war es, wo er mit Thomas Loe, einem Prediger der Quäker, zusammentraf, der sein Leben völlig veränderte.

Er mied ein Leben der Selbstzufriedenheit und der Anpassung, obwohl er Freundschaften mit einigen hochgestellten Persönlichkeiten aufrechterhielt, wie zum Duke of York, der später James II. werden würde, und trat der „Gesellschaft der Freunde" zu einer Zeit bei, als die Quäker verfolgt und manchmal sogar zum Tode verurteilt wurden. In den folgenden Jahren wurde auch er mehrmals eingesperrt, weil er im Sinne der Quäker schrieb und predigte.

Mit Amerika kam Penn erstmals in Berührung, als er zu einem der drei Treuhänder ernannt wurde, die damit beauftragt wurden, die Besitzung West New Jersey zu verwalten, die die Gesellschaft als ein Refugium für ihre Mitglieder erworben hatte. Zu diesem Zweck schrieb Penn eine Charta der „Gesetze, Konzessionen und Vereinbarungen", die verkündete, daß „kein Mensch oder auch Anzahl von Menschen auf Erden die Macht oder die Autorität besitzt, die Gewissen der Menschen in religiösen Angelegenheiten zu beherrschen". Dieses Dokument garantierte den Siedlern auch viele „Fundamentale Rechte" bezüglich deren Person und Besitz.

Dann, im Jahre 1681 beglich Charles II. eine schon lange ausstehende Schuld gegenüber Penns Vater, indem er dem Sohn eine Konzession für Territorium in Amerika erteilte, das westlich des Delaware River zwischen New York und Maryland lag. Zu Ehren des verstorbenen Admirals wurde das Land Pennsylvania (Penns Wälder) genannt. Im Jahr darauf übertrug der Duke of York seinem alten Freund das angrenzende als Delaware bekannte Territorium. Nun gab es für William Penn einen Ort, an dem er seine Überzeugungen in die Tat umsetzen konnte.

Penn schwebte eine Gesellschaft vor, die aus auf großen Besitzungen lebenden Landedelmännern wie ihm selber bestand, umgeben von freien und selbständigen Bauern, die ihr eigenes Land bewirtschafteten. Er sah auch vor, daß Menschen jedweder Religion die Möglichkeit haben würden, in Frieden ihren Glauben auszuüben. Eine konkrete Form gab er diesen Garantien fundamentaler Freiheiten durch eine Verfassung oder „Rahmen einer Regierung", von der er sich erhoffte, daß sie das Vorbild für eine liberale und demokratische Lebensweise sein würde.

Tausende von Kolonisten strömten aus England, Irland, Deutschland, Holland und Wales, viele von ihnen Quäker, nach Pennsylvania und dessen Territorium Delaware. Penn selber überquerte den Atlantik im Jahre 1682 und blieb für etwa zwei Jahre. Während dieser Zeit schloß er mit den Indianern einen Friedensvertrag und bezahlte für das meiste Land, das ihm von der Krone überlassen worden war. Er regte auch die Planung der Stadt Philadelphia an.

Wie in seiner Verfassung von Penn vorgeschrieben, bestand die Regierung seiner Kolonien aus einem Gouverneur (ihm selber), einem stellvertretenden Gouverneur und einer gewählten gesetzgebenden Versammlung, zusammengesetzt aus einem Provinzrat (Oberhaus) und einer Generalversammlung (Unterhaus). Zuerst ruhte das Recht zur Erlassung von Gesetzen beim Oberhaus, dessen ernannte Delegierte den Landadel vertraten. Das Unterhaus, dessen Mitglieder gewählt wurden, besaß nur das Recht auf Zustimmung. Als diese Teilung der Gewalten sich als unausführbar erwies, kehrte Penn, der nach England zurückgereist war, in die Kolonie zurück und schrieb eine neue Verfassung, die dem Volk größere Kontrolle über die Regierung gab. Dieses Dokument, genannt die „Charter of Privileges", setzte die Generalversammlung als Hauptgesetzgeber ein und überließ dem Provinzrat eine nur beratende Rolle.

Im Jahre 1701 kehrte Penn für immer nach England zurück. Obwohl er insgesamt nur etwa vier Jahre in Amerika verbracht hatte, hatte er einen unschätzbaren Beitrag für die zukünftigen Vereinigten Staaten von Amerika geleistet. Bei der Gründung von drei Kolonien hatte er eine Hauptrolle gespielt: Pennsylvania, New Jersey und Delaware. Er hinterließ ein Vermächtnis humanitärer Prinzipien, deren Inhalt zu grundlegenden Bausteinen der amerikanischen Demokratie wurde. Aber darüber hinaus schlug er in seinem „Essay für Gegenwart und Zukunft" aus dem Jahre 1693 eine Organisation wie die Vereinten Nationen vor, die internationale Konflikte schlichten sollte, ehe sie zu offenen Feindseligkeiten führen konnten. Vier Jahre später unterbreitete er in seinem „Plan einer Union" den Vorschlag, daß die englischen Kolonien sich für ein gemeinsames Ziel zusammenschließen sollten – ein Plan, der im darauffolgenden Jahrhundert Realität wurde. William Penn, ein Mann von ungewöhnlicher Überzeugung und Hingabe, verdient für seine Beiträge zur Geburt dieses Landes genausoviel Anerkennung wie die Gründerväter.

MARYLAND

Benannt nach Königin Henrietta Maria, Ehefrau Charles I. von England, wurde Maryland die erste Kolonie, die seit den fehlgeschlagenen Unternehmungen des Sir Walter Raleigh bei Roanoke Island als Einzelunternehmung gegründet wurde. Der König erteilte George Calvert, dem ersten Lord Baltimore, die Konzession für einen 40 000 Quadratkilometer großen Feudalbesitz. Als Calvert starb, ehe die Konzession unterzeichnet worden war, wurden sie und der Titel im Jahre 1632 auf dessen ältesten Sohn Cecilius übertragen.

Obwohl die Konzession der Familie Calvert „königliche" Rechte einräumte, zeigte Lord Baltimore kein Interesse daran, eine feudale Baronie einzurichten. Als Katholik wünschte er sich eine Kolonie, in der seine Glaubensgenossen ihre Religion frei ausüben konnten, und er war bereit, das gleiche Recht allen anderen Glaubensrichtungen einzuräumen. Einige Jahre später führte dies dazu, daß die Regierungsversammlung von Maryland das erste Gesetz in den Kolonien für Glaubensfreiheit verabschiedete.

Als Geschäftsmann war Lord Baltimore mehr daran interessiert, der Kolonie zu kommerziellem Erfolg zu verhelfen, als ihm zustehende autokratische Rechte auszuüben. Um seine Kolonie aufzubauen, finanzierte er die Überfahrt von zwei Schiffen für Siedler, die nahe der südlichen Spitze der Western Shore im Jahre 1634 St. Mary's City gründeten. Andere Kolonisten folgten bald, darunter auch Gruppen von Puritanern aus Virginia und anderen Gebieten, die von der Aussicht auf Glaubensfreiheit und dem Versprechen, eigenes Land erwerben zu können, angelockt wurden. Im Gegensatz zu anderen Kolonisten waren die Marylanders nie den körperlichen und wirtschaftlichen Härten ausgesetzt, die andere Siedler plagten. Die Kolonie war wegen ihres Status als Einzelunternehmen vorübergehend unzufrieden, aber die Bevölkerungszahl wie auch die Erträge aus dem Tabakanbau nahmen beständig zu.

Die Kolonie blieb bis zur Amerikanischen Revolution im Besitz der Lords Baltimore und erklärte im Jahre 1776 ihre Selbständigkeit. Doch im Laufe der Jahre war die Regierung zunehmend liberaler geworden. Zuerst existierte eine strenge Gouverneursregierung, die in den Anfangsjahren von Leonard Calvert, dem jüngeren Bruder von Lord Baltimore, persönlich zusammen mit einem einflußlosen Rat und einer kontrollierten Versammlung verwaltet wurde. Daraus entwickelte sich langsam eine eher parlamentarische Verwaltungsform. Die gesetzgebende Versammlung behauptete sich allmählich, indem sie für sich das Recht beanspruchte, nach eigenem Gutdünken und nicht nach Laune des Gouverneurs zusammenzutreten. Die Gesamtversammlung teilte sich dann in zwei Häuser auf und übernahm mehr Verantwortung für die Initiierung und Verabschiedung von Gesetzen. Genau wie die anderen Kolonien machte Maryland seine Erfahrungen mit zunehmender Selbstverwaltung, die später von großem Nutzen sein würden.

CAROLINA

Als Charles I. im Jahre 1629 seinem Ersten Kronanwalt Sir Robert Heath das Gebiet von Carolina (Land von Charles) als Eigenbesitz zusprach, war es das größte zusammenhängende, unbesetzte Territorium zwischen Virginia und Spanisch-Florida. Heath unternahm jedoch keinen Versuch, es zu kolonisieren, und im Jahre 1663 übertrug Charles II. das Land auf acht seiner von ihm favorisierten Edelmänner und machte sie zu „Lords Proprietors". Diese neuen Konzessionäre versuchten dummerweise, in Carolina die englische Gesellschaft mittels eines Klassensystems nachzuempfinden. Da aber die meisten Leute nach Amerika auswanderten, um einem solchen System zu entkommen, machten sie ihrem Unmut mit einer Revolte gegen die Regierung Luft.

Im Jahre 1678 ersetzten sie dann tatsächlich den ernannten Gouverneur durch einen eigenen. Während des Jahres 1689 trieben sie fünf Gouverneure aus dem Amt, um Veränderungen der Regierung zu erreichen.

Die Einzelunternehmer ignorierten weiterhin die Proteste der Kolonisten und teilten die Kolonie, um sie besser kontrollieren zu können. Im Jahre 1721 kaufte dann König George I. Carolina von den Einzelunternehmern zurück und genehmigte den Kolonisten mehr Kontrolle über ihre eigene Regierung. Acht Jahre später teilte er die Kolonie in zwei königliche Provinzen auf, North und South Carolina, und als solche blieben sie unverändert bis zum Revolutionskrieg bestehen.

GEORGIA

Als die letzte der dreizehn ersten Kolonien und vielleicht von ihrer Entstehung her die kurioseste wurde Georgia vom südlichsten Teil von South Carolina abgetrennt, um als Pufferzone gegen jegliche nordwärts gerichteten Übergriffe der Spanier in Florida zu dienen. Im Jahre 1732 erteilte König George II. James Oglethorpe und dessen Teilhabern eine Konzession, mit der diese eine Gesellschaft namens „Trustees for Establishing the Colony of Georgia in America" gründeten. Die Konzession sah vor, daß die Treuhänder von dieser Unternehmung keinen persönlichen Gewinn einstreichen würden, daß die Kolonie unter der strikten Aufsicht der Krone stehen würde und daß Georgia nach 21 Jahren eine königliche Provinz werden würde.

All diese Bedingungen waren für Oglethorpe durchaus annehmbar, denn dieser Gentleman aus gutem Hause und

Parlamentsabgeordnete hatte mit Georgia etwas ganz Besonderes vor. Er wollte die Kolonie benutzen, um so eingesperrten und gerade entlassenen Schuldnern eine Möglichkeit zu geben, in der Gesellschaft wieder einen produktiven Platz einnehmen zu können. Das Projekt wurde durch private Spenden und Zuschüsse vom Parlament finanziert. Leider wurde das Vorhaben nie ganz in die Tat umgesetzt, und nur einige wenige Schuldner erreichten jene Küste.

Die Kolonie Georgia wurde jedoch im Februar 1733 gegründet, indem Oglethorpe ein erstes Kontingent von Kolonisten herüberbrachte und die erste Gemeinde nahe dem heutigen Savannah errichtete. Während der ersten neun Jahre regierte Oglethorpe die Kolonie gut, und überzeugend schlug er eine spanische Invasionstruppe und drängte die Spanier zurück nach Florida. Als die Konzession auslief, war Georgia mit über 4000 Einwohnern fest etabliert. Oglethorpes humanitäre Vorhaben mögen zwar gescheitert sein, doch die von ihm aufgebaute Kolonie nicht.

Um die Liste der 13 ersten Kolonien zu vervollständigen, müssen noch Connecticut, New Hampshire und New York hinzugefügt werden. Connecticut wurde zuerst von Kolonisten aus Massachusetts besiedelt, die mehr Glaubensfreiheit suchten, und erhielt später seine eigene Konzession von England. New Hampshire erlebte anfangs eine unruhige Geschichte, denn große Landteile wurden zuerst Einzelpersonen zuerkannt, von denen eine – John Mason – die Region nach seiner Heimatprovinz Hampshire in England benannte. Dann wurde die Kolonie zu einem Teil von Massachusetts gemacht, und schließlich wurde sie eine königliche Kolonie. New York, von Holländern als New Amsterdam gegründet, wurde im Jahre 1667 von den Engländern übernommen und von Charles II. an dessen Bruder, den Duke of York (der spätere James II.), weitergegeben.

Als die Kolonien fest etabliert waren, hätte das koloniale Amerika eigentlich einige der Vorteile des Lebensstils genießen können, um den die frühen Siedler so sehr gekämpft hatten. Aber dieser Kampf war noch nicht vorüber. Von 1690 an und für die Dauer der nächsten 70 Jahre wurden die Kolonien, vor allem die mittleren und die nördlichen, in die britischen und französischen Bemühungen hineingezogen, die besiedelten und die unbesiedelten Territorien der Neuen Welt zu beherrschen. Die Kämpfe begannen mit dem Massaker an englischen Kolonisten in Schenectady, New York, durch französische und indianische Angreifer und hörten nicht auf, bis die Engländer Quebec und Montreal eingenommen hatten. Sie führten zu vier Kriegen – dem King William's Krieg, dem Queen Anne's Krieg, dem King George's Krieg und dem Französischen und Indianischen Krieg – und zerstörten Frankreichs Kolonialträume.

Der Vertrag von Paris (1763) sprach Kanada und alle französischen Besitzungen östlich des Mississippi River England zu. Spanien, während dieser Kriege ein Verbündeter Frankreichs, mußte Florida an England abtreten, erhielt dafür aber alle französischen Gebiete westlich des Mississippi, einschließlich der Isle of Orleans, wozu auch die Stadt New Orleans gehörte. Frankreich durfte zwei kleine Inseln nahe Neufundland als militärisch unbefestigte Fischereihafen und die Karibikinseln Guadeloupe und Martinique behalten.

Nachdem die Kolonialrivalen beseitigt worden waren, konzentrierte sich England auf seine amerikanischen Kolonien und verlangte, daß sie einen Teil der Schulden mittragen müßten, die sich in den verschiedenen Kriegen angehäuft hatten. Als die Kolonisten dagegen protestierten, erhob das englische Parlament eine Stempelsteuer, die vorschrieb, daß auf amtlichen Dokumenten, Zeitungen, Spielkarten, Kalendern und anderen Dingen Steuermarken anzubringen waren. Außerdem erhoben die Engländer eine Tonnagensteuer für alle Schiffe, die Kolonialhäfen anliefen, sowie Zoll für Produkte wie Glas, Papier und Tee.

Außerdem verabschiedeten die Engländer das Einquartierungsgesetz, das die Kolonisten dazu zwang, englischen Truppen Nahrung und Unterkunft zur Verfügung zu stellen. Obendrein wurde den Siedlern untersagt, westwärts in die Wildnisgebiete zu ziehen.

Was die Engländer vergessen hatten oder vorgezogen hatten zu mißachten, war die grundlegende Tatsache, daß die Suche nach Freiheit und Gleichberechtigung seit fast 150 Jahren die treibende Kraft der Kolonialisierung Amerikas war. Aus der Mischung der vielen ethnischen und nationalen Gruppen, die die schweren Bedingungen überlebt hatten unter denen eine neue Umgebung und ein neues Leben aufgebaut werden mußten, entstand ein unabhängiges, freiheitsliebendes, autarkes Volk: die Amerikaner. Obwohl sich viele der Kolonisten noch dem Mutterland verpflichtet fühlten, akzeptierten sie aber die Rolle als Untertanen nicht mehr.

Das Parlament aber ignorierte die Warnsignale, die immer unheilvoller wurden. Überall in den Kolonien begannen Amerikaner offen zum Handeln aufzurufen: Patrick Henry und Thomas Jefferson in Virginia, Samuel Adams in Massachusetts, John Dickinson in Pennsylvania. Immer häufiger waren Gewalttaten zu verzeichnen: Englische Truppen schossen in eine sie verspottende Menschenmenge hinein; in Rhode Island verbrannten Einheimische den vor Providence auf Grund gelaufenen englischen Zollschoner „Gaspee"; eine Gruppe als Indianer verkleidete Kolonisten warf im Hafen von Boston fast 14 000 Pfund Tee von einem englischen Handelsschiff aus ins Wasser.

Als Vergeltung für diese Boston Tea Party verabschiedete das Parlament im März 1774 fünf Gesetze, die von den Kolonisten die „Unerträglichen Gesetze" genannt wurden; vier davon waren speziell zur Bestrafung der Bürger von Massachusetts erlassen worden. Das erste Gesetz ordnete die Schließung des Hafens von Boston an. Das zweite Gesetz legte fest, daß jeder englische Zivilbeamte oder Militärbedienstete, der einer schweren Straftat bei der Erfüllung seiner Dienstaufgaben beschuldigt wurde, zum Prozeß nach England zu schicken war. Das dritte Gesetz widerrief die Konzession der Kolonie, wodurch sie der direkten Aufsicht des Königs unterstellt wurde, und untersagte Ortsversammlungen, außer zum Zwecke der Wahl von Beamten. Das nächste Gesetz führte das inzwischen aufgehobene Einquartierungsgesetz wieder ein, und nun besagte es, daß besetzte Häuser beschlagnahmt werden könnten.

Schließlich dehnte das Quebec-Gesetz die Grenze von Quebec nach Süden hin bis zum Ohio River auf Gebiet aus, auf das sowohl Virginia wie auch Massachusetts und Connecticut Gebietsansprüche hatten.

Zum Inkrafttreten dieser Gesetze soll George III. gesagt haben: „Die Würfel sind jetzt gefallen; die Kolonien müssen sich entweder unterwerfen oder siegen."

Der König erkannte bald den Wahrheitsgehalt seiner Voraussage. Die Erlasse des Parlaments verärgerten die Kolonien derart, daß sie über jegliche Meinungsverschiedenheiten untereinander hinwegsahen und ihren Willen, sich nicht zu unterwerfen, deutlich machten. Sie alle, außer Georgia, schickten im September 1774 ihre Repräsentanten zu einer Versammlung in Philadelphia, dem Ersten Kontinentalkongreß. Dort beschlossen sie, (a) den „Unerträglichen Gesetzen" zu widerstehen, (b) englische Waren zu boykottieren, (c) dem König in der Hoffnung, daß ihren Beschwerden abgeholfen werde, eine allerletzte, freundliche Petition zu schicken. Dann verpflichteten sie sich, im kommenden Mai wieder zusammenzutreten, falls ihre Rechte als Engländer dann noch immer verletzt werden würden, und beendeten die Versammlung.

Aber weder der König noch das Parlament waren zu Konzessionen bereit. Statt dessen schickte Generalleutnant Thomas Gage, Kommandeur der englischen Truppen in Boston, am 18. April 1775 eine Abteilung Soldaten aus, um ein

Hauptversorgungsdepot zu zerstören, das die Patrioten in Concord, Massachusetts, angelegt hatten. Es kam in jener Nacht zu dem berühmten Ritt von Paul Revere, der 16 Meilen von Boston nach Lexington (nahe Concord) zurücklegte, um die Patrioten zu warnen und um John Hancock und Sam Adams, die von den Engländern gesucht wurden, zur Flucht zu verhelfen. Am nächsten Morgen stand auf der Dorfwiese von Lexington Milizhauptmann John Parker mit einigen Minutemen den englischen Soldaten gegenüber. „Schießt nur, wenn auf euch geschossen wird", befahl Parker, „doch wenn sie Krieg haben wollen, dann laßt ihn hier anfangen." Dann wurde der erste Schuß abgefeuert. Im Verlauf des Gefechts, das nun folgte, wurden acht Kolonisten getötet und zehn verwundet. Ein Rotrock wurde verletzt.

Selbst als amerikanisches Blut vergossen worden war, wurde nicht jeder Kolonist automatisch ein Patriot. Einige hielten noch immer England die Treue und gaben die Hoffnung auf eine friedliche Klärung ihrer Meinungsverschiedenheiten nicht auf. Aber die Erfüllung des Traumes von Freiheit war schon zu greifbar nah, um zurückgewiesen zu werden. Angespornt durch die forschen Stimmen von John Adams, John Hancock und Patrick Henry und die überzeugende Feder des Engländers Thomas Paine und dessen Schrift „Common Sense" mobilisierten die Kolonisten unter Führung von George Washington ihre Truppen, um sich den Rotröcken in den Weg zu stellen. Dann am 4. Juli 1776 nahm der Zweite Kontinentalkongreß die Unabhängigkeitserklärung an. Es gab kein Zurück mehr.

Während der ersten Jahre der Revolution schien die oft schlecht ernährte, schlecht bekleidete und schlecht untergebrachte amerikanische Armee wegen Fahnenflucht kurz vor der Vernichtung, der Gefangennahme oder völligen Auflösung zu stehen; der Tiefpunkt war das Winterlager in Valley Forge. Aber irgendwie überlebte diese Armee unter der Führung von George Washington, und als sie General John Burgoyne im Herbst 1777 bei Saratoga zur Kapitulation seiner Truppen zwang, erfuhr die Sache der Amerikaner nicht nur moralischen Auftrieb, sondern auch eine dringend notwendige Verpflichtung Frankreichs, die Kolonien zu unterstützen.

Die Nachricht von Burgoynes Kapitulation veranlaßte die englische Regierung, eine Kommission nach Amerika zu entsenden, die den Patrioten den Status als Dominion, einem sich selbst regierenden Land innerhalb des Britischen Staatenbundes, anbot. Doch König Louis XVI. von Frankreich unterzeichnete zwei Verträge, die für die Amerikaner ein viel besseres Abkommen boten, indem sie nämlich die Vereinigten Staaten als eine unabhängige Nation anerkannten und einer Militärallianz zustimmten.

Übrigens schlugen sich die amerikanischen Seestreitkräfte anfangs besser als die Landstreitkräfte. Die junge Marine der Vereinigten Staaten kaperte oder zerstörte über 200 englische Schiffe, und amerikanische Freibeuter kaperten 600 englische Handelsschiffe und fügten dem englischen Handel erheblichen Schaden zu.

Die Unterstützung französischer Truppen und Kriegsschiffe zwang die Engländer erstmals in die Defensive. Sie stellten großangelegte Kriegshandlungen im Norden ein und griffen die Südstaaten an, insbesondere South Carolina und Georgia. Doch der Verlauf des Krieges wendete sich zu Gunsten der Patrioten, und am 28. September 1781, nachdem die französische Flotte die Chesapeake Bay abgeriegelt hatte, umschlossen unter dem Kommando von George Washington amerikanische und französische Truppen bei Yorktown, Virginia, eine englische Streitmacht. Nach dreiwöchiger Belagerung übergab der englische Kommandeur General Charles Cornwallis seine Truppen und sein Schwert, und Washington meldete dem Kontinentalkongreß, daß „eine Reduzierung der britischen Armee ... äußerst erfreulich realisiert sei".

Als die Nachricht der Kapitulation von Cornwallis England erreichte, hörte man den Premierminister Lord North verzweifelt sagen: „Oh, Gott! Es ist alles vorbei!" Dann trat er zurück. Das neue britische Kabinett beschloß, so bald wie möglich Friedensverhandlungen mit den Amerikanern aufzunehmen. Zwar kam es über ein Jahr lang noch zu sporadischen Konfrontationen zwischen Patrioten und britischen Truppen, doch die Revolution war gewonnen worden.

Man hat die Verluste der Amerikaner auf bis zu 12 000 Tote geschätzt und die finanziellen Kosten auf etwa 104 Millionen Dollar. Aber nach den Worten von Thomas Paine hatten die Auswirkungen des Krieges „mehr zur Aufklärung der Welt beigetragen und unter der Menschheit einen Geist von Freiheit und Liberalität verbreitet als jegliche andere menschliche Tat ... die dieser je vorausging".

In Paris wurden im April 1782 die Verhandlungen für einen Friedensvertrag aufgenommen, und Ben Franklin, John Adams, John Jay und Henry Laurens vertraten dabei die Vereinigten Staaten. Gemäß den endgültigen Bedingungen des Vertrages, der am 3. September 1783 unterzeichnet wurde, wurden den Vereinigten Staaten die Anrechte auf das gesamte Gebiet von Ost nach West zwischen dem Atlantischen Ozean und dem Mississippi River und von den Großen Seen und dem 49. Breitengrad im Norden bis zum 31. Breitengrad im Süden zugesprochen. Die Amerikaner erhielten auch das Recht, auf den Grand Banks vor Neufundland Fischfang zu betreiben. Am 25. November verließen die letzten Rotröcke die Vereinigten Staaten via New York City.

Den Krieg zu gewinnen war nur der erste Schritt auf dem komplizierten Weg zur Gründung einer neuen Nation gewesen. Der zweite und ebenso wichtige Schritt war die Vereinigung der 13 einzelnen Kolonien zu einer zusammenhängenden Einheit, obwohl doch jede von ihnen einer mächtigen Zentralregierung höchst mißtrauisch gegenüberstand. Glücklicherweise verfügte das junge Land über eine große Anzahl von verantwortungsvollen, mutigen und intelligenten Menschen. Ihnen oblag die gewaltige Aufgabe, einen annehmbaren Rahmen zu schaffen, der all diese verschiedenen Elemente vereinen würde, ohne deren Integrität zu zerstören, und noch dazu die Kraft haben sollte, möglichen Angriffen sowohl von außen wie auch von innen zu widerstehen.

Der erste Versuch, diese Aufgabe zu lösen, war im Jahre 1776 die Einsetzung eines Komitees durch den Zweiten Kontinentalkongreß, das den Plan für eine Union entwickeln sollte. Dieser Plan, bekannt als die „Articles of Confederation", wurde im darauffolgenden Jahr vom Kongreß angenommen, erforderte aber die einstimmige Genehmigung durch die Kolonien, um Gesetz werden zu können. Zwölf Staaten ratifizierten diese Gesetze ohne zu zögern, doch Maryland wartete, bis alle Staaten, die Ansprüche auf westliche Gebiete hatten, diese den Vereinigten Staaten übertrugen. Als das geschehen war, trat Maryland der Konföderation am 1. März 1781 bei, und die Gesetze traten in Kraft.

Bald wurde deutlich, daß die Beschränkungen, die dem Kongreß von den Gesetzen auferlegt waren, die Zentralregierung fast völlig handlungsunfähig machten. Einerseits konnte der Kongreß Krieg erklären und Frieden schließen, eine Armee und eine Marine aufbauen, Geld ausgeben und leihen, Außenpolitik betreiben und Indianerangelegenheiten beaufsichtigen. Aber der Kongreß konnte keine Steuern erheben oder den Handel entweder zwischen den Staaten oder mit dem Ausland regeln, und er durfte nicht die Souveränität eines Staates oder dessen Bürger beeinträchtigen.

Jeder Staat, unabhängig von seiner Größe oder Bevölkerung, verfügte im Kongreß über eine Stimme, und die Verabschiedung einer Änderung der Verfassung erforderte die Zustimmung aller dreizehn Staaten.

Die vielleicht drei wichtigsten Leistungen des unter diesen Gesetzen arbeitenden Kongresses waren die erfolgreiche

Beendigung des Krieges, das Aushandeln des Friedensvertrages und die Annahme der „Northwest Ordinance" im Jahre 1787.

Diese Verfügung betraf die Verwaltung des Nordwest-Territoriums, eines großen unbesiedelten Gebietes nördlich des Ohio River, westlich von Pennsylvania, östlich des Mississippi und sich ausdehnend bis zur nördlichen Grenze der Vereinigten Staaten. Das war das Territorium, das von den verschiedenen Staaten an die Vereinigten Staaten abgetreten werden mußte, ehe Maryland die Gesetze ratifizierte.

Der Kongreß, der Finanzmittel brauchte, beschloß, Land in diesem Gebiet an Siedler zu verkaufen. Ehe er dies jedoch tat, verabschiedete er eine Verfügung, welche die Regierungsform vorzeichnete, die die Grundlage für das zukünftige soziale und politische Klima bildete und die das Vorbild für alle Territorien wurde, die später der Union als Staaten beitraten.

Die Verfügung setzte drei Stufen voraus, die ein Territorium zu durchlaufen hatte, ehe es Staat werden und völlige Selbstverwaltung erhalten konnte. Zuallererst ernannte der Kongreß einen Gouverneur, einen Staatssekretär und drei Richter. Dann, nachdem die Zahl der erwachsenen Männer im gesamten Territorium oder irgendeines Teils davon 5000 erreicht hatte, konnte dieses Gebiet eine gesetzgebende Versammlung wählen und einen Delegierten in den Kongreß entsenden. Diesem war es zwar erlaubt, das Wort zu ergreifen, aber abstimmen durfte er nicht. Wenn dann die Gesamtbevölkerung 60 000 erreicht hatte, konnte das Gebiet die Aufnahme in die Union als ein völlig gleichberechtigter Staat beantragen.

Die Verfügung untersagte die Sklaverei im Nordwest-Territorium, garantierte allen Personen das Recht auf Gerichtsverfahren mit Jury und Glaubensfreiheit und versprach den Indianern eine faire Behandlung.

Tausende von Pionieren ließen sich von der Aussicht auf neues Land und neue Möglichkeiten anlocken, und schließlich wurden aus dem Territorium fünf Staaten und Teil eines sechsten. Die Staaten in der Reihenfolge ihrer Zulassung zur Union waren: Ohio, 1803; Indiana, 1816; Illinois, 1818; Michigan, 1837; Wisconsin, 1848. Der sechste Staat war Minnesota im Jahre 1858.

Im Jahre 1786 stand die Konföderation beinahe vor dem Zusammenbruch und der Gefahr, daß sie sich in 13 unabhängige Länder aufteilen könnte. Einzelne Staaten gaben Währung aus, die so inflationär war, daß sie beinahe wertlos war. Sie errichteten wahre Zollbarrieren gegeneinander und zahlten ihre Schulden nicht. Am schlimmsten aber war, daß sie sich wenig oder gar nicht um die Gesamtlage oder um den Erhalt ihrer schwer errungenen Republik kümmerten.

Schließlich waren es Männer wie George Washington und Alexander Hamilton, die deutlich machten, daß der einzige Weg, um Frieden und Ordnung zu erlangen und das Land vor der Auflösung zu bewahren, die Bildung einer neuen nationalen Regierung war. Um diese Aufgabe zu bewältigen, wurde im Mai 1787 eine konstitutionelle Versammlung in die Independence Hall in Philadelphia einberufen.

Zwölf Staaten befolgten den Aufruf und entsandten 55 Delegierte zu der Versammlung. Nur Rhode Island verweigerte die Teilnahme aus Angst, eine neue Verfassung könnte seine Befugnisse zu sehr einschränken.

Man profitierte von den Erfahrungen, die man während der vergangenen 150 Jahre mit verschiedenen Formen von Kolonialregierungen gemacht hatte, und unter dem Einfluß des ausgleichenden und scharfsinnigen James Madison, dem „Vater der Verfassung", erarbeiteten sie ein einzigartiges Dokument. Es kreierte ein System, das als eine starke Zentralregierung funktionieren konnte, ohne die Menschen ihrer grundlegenden Freiheiten zu berauben oder den Staaten ihre rechtmäßigen Aufgaben zu nehmen.

Es beinhaltete ein System gegenseitiger Kontrolle, indem es der Exekutive, der Legislative und der Judikative gleichgeartete Machtbefugnisse einräumte. Es schützte die Interessen der großen und kleinen Staaten, indem es den Kompromiß annahm, der von Roger Sherman aus Connecticut vorgeschlagen worden war. Dessen Entwurf sah im Oberhaus der gesetzgebenden Versammlung eine direkte Vertretung vor, während sich im Unterhaus die Vertretung proportional nach der Bevölkerungszahl richten sollte.

Die Versammlung kam darin überein, nicht einstimmige Ratifikation zu fordern; die Verfassung sollte rechtmäßig in Kraft treten, wenn nur schon neun Staaten ihr zugestimmt hätten. Damit unterzeichneten am 17. September 1787 die 39 Delegierten, die bis zum Ende anwesend waren, die Verfassung der Vereinigten Staaten und verschickten sie an die einzelnen Staaten. Delaware wurde der erste Staat, der sie ratifizierte (am 7. Dezember 1787), und New Hampshire wurde der neunte Staat (am 21. Juni 1788). Es folgten Virginia und New York.

Wie in der Verfassung bestimmt wurde, war es die Aufgabe des „Electoral College" (ein Wahlmännerkollegium), das sich aus von den Staaten oder deren Wählerschaft gewählten Vertretern zusammensetzte, den Präsidenten aus der Reihe der geeigneten Kandidaten zu wählen. Am 4. Februar 1789 ernannten die Wahlmänner einstimmig George Washington zum ersten Präsidenten des Landes, und er wurde am 30. April in sein Amt eingeführt. Der erste Kongreß, der unter diesem neuen System zusammentraf, tagte am 4. März in New York City.

Während sich all dies ereignete, weigerten sich zwei Staaten, North Carolina und Rhode Island, die Verfassung zu ratifizieren, bis ihnen versichert wurde, daß so bald wie möglich Verfassungszusätze in das Dokument aufgenommen würden, die die individuellen Rechte eines jeden schützten. Sowie sie diese Versicherung erhalten hatten, traten beide Staaten der Union bei und entsandten ihre Repräsentanten zur Bundesversammlung. Die „Bill of Rights" trat im Jahre 1791 als Gesetz in Kraft.

Zu diesem Zeitpunkt betrug die Einwohnerzahl der Vereinigten Staaten etwa 4 Millionen Menschen, von denen die meisten an oder nahe der Atlantikküste lebten. Etwa 100 000 Pioniere lebten verstreut westlich der Allegheny Mountains.

Bald nachdem die Verfassung ratifiziert worden war und die Regierung aufgebaut und arbeitsfähig war, erlebte das Land eine sprunghafte Expansion. Im Jahre 1791 wurde Vermont der 14. Staat, gefolgt von Kentucky im darauffolgenden Jahr und Tennessee im Jahre 1796. Die Bewegung in Richtung Westen nahm spürbar zu, und schon bald nach der Jahrhundertwende erfuhr sie durch einen unglaublichen Zufall einen noch größeren Auftrieb.

DER LOUISIANA PURCHASE

Es war im Jahre 1801. Thomas Jefferson hatte gerade das Amt als dritter Präsident Amerikas angetreten, als er vom amerikanischen Minister für England erfuhr, daß Spanien einen Teil seiner Kolonialterritorien in Amerika an Frankreich abtreten wollte. Zu jener Zeit grenzte Spanisch Florida, wozu auch New Orleans gehörte, im Süden und westwärts entlang dem Mississippi an die Vereinigten Staaten. Spaniens Louisiana-Territorium begann am Mississippi und versperrte den Vereinigten Staaten den Weg nach Westen.

Der Schlüssel zur Lösung dieser Situation war für die Vereinigten Staaten die Stadt New Orleans, ein wichtiger Hafen und Sammelpunkt für amerikanische Farmer und Händler aus dem Westen, die all ihre Erzeugnisse und Produkte per Schiff über die Flüsse, vor allem den Mississippi, der in den Golf von Mexiko mündet, verfrachteten. Zum Glück für die Amerikaner befand sich Spanien in geschwächter wirtschaftlicher und militärischer Verfassung und zog es vor, Geschäfte zu machen, statt Krieg zu führen. Im Jahre 1795 unterzeichnete Spanien einen Vertrag, der den landumschlossenen Amerikanern ein „Lagerrecht" in New Orleans einräumte. Das bedeutete, daß die Amerikaner auf Waren und Erzeugnisse, die sie zwecks Export, Verkauf an spanische Händler oder zur Lagerung in die Stadt brachten, keinen Zoll zu entrichten hatten.

Jefferson erkannte, daß diese zuvorkommende Vereinbarung in Gefahr war, falls Frankreich unter Napoleons Führung die Vorherrschaft über die Floridas und New Orleans erlangen sollte. Bald stellte sich heraus, daß Spanien sein Louisiana-Territorum tatsächlich an Frankreich abgetreten hatte. Kurze Zeit danach hob der spanische Gouverneur von New Orleans das Lagerrecht für Amerikaner auf und löste damit bei den „Westerners" einen Sturm der Empörung aus.

In der Zwischenzeit versuchten die amerikanischen Abgesandten James Monroe und Robert Livingston erfolglos, Florida und New Orleans Spanien oder Frankreich, wer auch immer gerade Besitzansprüche darauf erhob, für über 9 Millionen Dollar abzukaufen. Aber Napoleon zeigte kein Interesse, denn er plante die Errichtung eines Imperiums in Amerika. Seine Pläne erfuhren aber einen bösen Rückschlag, als die Armee, die er zur Niederschlagung einer Revolte nach Haiti geschickt hatte, aufgerieben wurde. Das und der bevorstehende Krieg mit England ließen ihn besorgt auf seine Staatsfinanzen blicken. Dann, nach einer plötzlichen Umbesinnung, bevollmächtigte Napoleon seinen Finanzminister, das Louisiana-Territorium an Amerika zu verkaufen. Am 30. April 1803 unterschrieben die amerikanischen Abgesandten, wobei sie ihre Kompetenzen weit überschritten, eine Vereinbarung, die als „das größte Immobilien-Schnäppchen der Geschichte" beschrieben worden ist. Sie kauften das Louisiana-Territorium, einschließlich der Stadt New Orleans, für 15 Millionen Dollar.

Als der Vertrag unter Dach und Fach war, stellte er sich für den Präsidenten aber als Zwickmühle dar. Denn laut Verfassung war die Regierung nicht befugt, ausländisches Land zu kaufen; sie durfte aber Verträge abschließen. Also, um es in Jeffersons eigenen Worten zu sagen, er „dehnte die Verfassung, bis es krachte", und entschied, daß der Ankauf durch Abschluß eines Vertrages zustande gekommen war und daher verfassungsrechtlich korrekt war.

Sodann mußte Jefferson sehen, wie er den Kongreß dazu überreden konnte, den Vertrag zu ratifizieren und ein Gesetz zu verabschieden, das es der Regierung ermöglichen würde, die Kaufsumme bei ausländischen Bankiers zu leihen. In einem leidenschaftlichen Appell an den Kongreß sagte Jefferson: „Während das Gebiet und die Souveränität des Mississippi und dessen Gewässer freien Weg für die Produkte der westlichen Staaten sichern und dazu ungehinderte Fahrt durch deren gesamten Verlauf ... werden die Fruchtbarkeit des Landes, dessen Klima und Ausdehnung in angemessener Zeit Hilfen für unser Schatzministerium sein, die auch als beträchtliche Vorleistungen für unsere Nachfahren und für eine Verbreitung der Tugenden der Freiheit und gerechter Gesetze angesehen werden können."

Am 25. Oktober 1803 wurde der Vertrag ratifiziert. Was nun hatten die Vereinigten Staaten für 15 Millionen Dollar gekauft? Sie hatten das gesamte Land zwischen dem Mississippi River und den Rocky Mountains erworben, das sich vom Golf von Mexiko bis hin zur kanadischen Grenze erstreckte. Dieses über 2 Millionen Quadratkilometer große Gebiet verdoppelte die Fläche der Vereinigten Staaten, und 15 Staaten würden schließlich ganz oder teilweise aus diesem Gebiet hervorgehen. Es gewährte den Amerikanern Zugang zu einigen der fruchtbarsten Regionen und ergiebigsten Mineralvorkommen der Welt. Es ermöglichte die Ausdehnung des Landes von Ozean zu Ozean. Aber nichts davon war bekannt, bis Jefferson im Jahre 1804 die Lewis und Clark-Expedition zur Erkundung des Gebiets aussandte. Diese Expeditionsgruppe kehrte zwei Jahre später zurück, nachdem sie den Stillen Ozean erreicht und über 12 000 Kilometer zurückgelegt hatte, und rühmte die Wunder dieses Riesenreiches.

Um diese Neuerwerbung besser verwalten zu können, teilte der Kongreß das Gebiet in das Orleans-Territorium und den Distrikt Louisiana auf. Im Jahre 1805 wurde der Distrikt in Louisiana-Territorium umbenannt, und sieben Jahre später wurde es zum Missouri-Territorium.

Das Jahr 1812 wurde auch aus verschiedenen anderen Gründen wichtig. Erstens unternahm das Dampfboot „New Orleans" von Pittsburgh, Pennsylvania, aus die erste Fahrt auf dem Ohio zum Mississippi und eröffnete damit für den Handel diesen wichtigen Binnenwasserweg. Dann, am 30. April, wurde das Orleans-Territorium in Louisiana umbenannt und als 18. Staat mit einer Bevölkerung von über 76 000 in die Union aufgenommen. Kurz darauf entbrannte zwischen den Amerikanern und den Engländern der Krieg von 1812. Dessen letzte Schlacht wurde am 8. Januar 1815 bei New Orleans geschlagen, zwei Wochen nachdem beide Seiten den Friedensvertrag unterzeichnet hatten. General Andrew Jackson und seine zahlenmäßig unterlegene, aber entschlossene Truppe aus Soldaten, Pionieren und Piraten schlug eine Landung regulärer britischer Truppen zurück und errang somit den größten amerikanischen Sieg dieses Krieges.

DER FLORIDA PURCHASE

Durch den Kauf von Florida beendeten die Vereinigten Staaten die Existenz der letzten ausländischen Kolonie auf amerikanischem Boden östlich des Mississippi und vervollständigten damit diesen Teil ihres Landes.

Florida spielte vom Zeitpunkt seiner Entdeckung (1513) durch den Spanier Juan Ponce de Leon bis zum Ankauf durch die Vereinigten Staaten (1819) bei der Besiedlung Nordamerikas keine wichtige Rolle. Obwohl die Spanier es entdeckt und benannt hatten (Florida bedeutet „Fest der Blumen"), waren die ersten Siedler französische Hugenotten, die im Jahre 1564 am St. Johns River nahe dem heutigen Jackson eine Kolonie gründeten. Spanische Truppen unter Don Pedro Menendez de Aviles behandelten die Franzosen wie Eindringlinge auf Land „im Besitz" von Spanien und vertrieben sie. Im Jahre 1565 gründeten sie St. Augustine als die erste feste weiße Siedlung auf dem Kontinent.

Florida war 200 Jahre lang im Besitz der Spanier gewesen, bis diese sich im Französischen und Indianischen Krieg gegen England auf Frankreichs Seite schlugen. Laut Vertrag von Paris (1763) übergab Spanien Florida den Engländern im Tausch gegen Kuba, das im Jahr zuvor von englischen Truppen eingenommen worden war. Die Engländer teilten dann Florida in East Florida und West Florida auf, wobei letzteres Teile des Landes westlich des Apalachicola River sowie Teile vom heutigen Alabama, Mississippi und Louisiana miteinschloß. East Florida bestand aus dem restlichen Gebiet.

Die Spanier nutzten Englands Lage während der Amerikanischen Revolution aus, marschierten in West Florida ein und besetzten es. Im Jahre 1781 händigte England offiziell West Florida an Spanien aus und zwei Jahre später auch East Florida. Sobald die Vereinigten Staaten ihre Unabhängigkeit erlangt hatten und als Nation auftraten, machten sie unzählige Kaufangebote, doch Spanien wies sie alle zurück.

In den ersten Jahren des 19. Jahrhunderts wurde Florida Refugium für geflohene Sklaven und gesetzesflüchtige Amerikaner. Vor allem sein östlicher Teil zog aber auch echte Siedler an. Im Jahre 1812 versuchten diese, ihre Unabhängigkeit von Spanien zu erlangen, doch der Versuch wurde von spanischen Truppen niedergeschlagen.

Während des Krieges von 1812 genehmigte Spanien der britischen Marine die Nutzung von Pensacola als Stützpunkt, was wiederum Andrew Jackson Anlaß genug war, mit seinen Truppen nach Florida zu marschieren und Pensacola einzunehmen. Nach diesem Krieg kehrte Jackson nach Florida zurück und besiegte die Indianer im ersten Seminolen-Krieg (1816 bis 1818). Im folgenden Jahr erkannte Spanien, daß es Florida nicht länger würde halten können, und so überließ es den Vereinigten Staaten das Gebiet, die dafür amerikanischen Staatsbürgern 5 Millionen Dollar für beschädigtes Eigentum zahlen und jegliche Ansprüche auf Texas widerrufen mußten. Dies wurde im Jahre 1821 amtlich bestätigt, und der Kongreß schuf im darauffolgenden Jahr das Florida-Territorium.

Als Tausende von Siedlern in dieses neue amerikanische Territorium zogen, drängten sie bald auch auf das Land, das den Seminolen gehörte. In der Absicht, eine Konfrontation zu vermeiden, bot die Regierung der Vereinigten Staaten an, die Indianer auf Land im Oklahoma-Territorium umzusiedeln. Einige Indianer stimmten zu, aber für jene, die sich weigerten, ihre Heimat zu verlassen, war das Leben bald unerträglich. Mit einem Angriff auf eine Abteilung Bundessoldaten entfachten im Jahre 1835 die Indianer schließlich vor lauter Aussichtslosigkeit und Verzweiflung den Zweiten Seminolen-Krieg. Als dieser im Jahre 1842 zu Ende ging, waren die Seminolen so gut wie ausgelöscht. Die meisten der Überlebenden wurden umgesiedelt, nur eine kleine Schar blieb zurück. Obwohl die Kämpfe beendet waren, dauerte der Kriegszustand zwischen den Seminolen und den Vereinigten Staaten bis zum Jahre 1934 an. Erst dann unterzeichneten sie einen Friedensvertrag.

Im Jahre 1845 wurde Florida als der 27. Staat in die Union aufgenommen. Er hatte eine Bevölkerung von über 66 000 und wurde als ein Sklavenstaat eingestuft, obwohl die meisten der Farmer keine Sklaven hielten und ihre kleinen Farmen selber bewirtschafteten.

DIE ANNEXION VON TEXAS

Das nächste große Gebiet, das Teil der Vereinigten Staaten wurde, war die Region, die man Texas nannte und die südlich und westlich des Louisiana Purchase-Gebiets lag. Es war jenes Gebiet, auf das die Vereinigten Staaten verzichtet hatten, als Spanien laut dem Vertrag von 1819 Florida abtrat.

Die jüngere Geschichte von Texas reicht zurück in das frühe 16. Jahrhundert, als spanische Abenteurer die Neue Welt nach „Gold, himmlischer Herrlichkeit und Gott" absuchten. Der Spanier, dem meist die Ehre zugeteilt wird, der erste Weiße gewesen zu sein, der im Jahre 1519 seinen Fuß auf texanischen Boden setzte, war Alonzo Alvarez de Pineda, der damit beauftragt worden war, die Küste des Golf von Mexiko von Florida bis Mexiko zu kartographieren.

Ihm folgte Alvar Nunez Cabeza de Vaca, dessen Expedition an der Küste von Texas strandete. Er und drei Begleiter verbrachten auf ihrer Suche nach einer weißen Siedlung acht Jahre bei verschiedenen Indianerstämmen, bis sie endlich eine spanische Siedlung in Mexiko erreichten. Dort erzählten sie Geschichten über Städte von großem Reichtum (die sieben Städte von Cibola) derart überzeugend, daß die Spanier viel Zeit, Geld und Menschen in zahlreiche Expeditionen investierten, um jedoch stets erfolglos diese sagenhaften Orte zu suchen.

Im Jahre 1685 ging in Matagorda Bay der Franzose Robert Cavelier, Sieur de la Salle, an Land und beteiligte sich an dieser Schatzsuche. Nachdem die Franzosen Port Saint Louis errichtet hatten, suchte La Salle das Gebiet nach Gold und Silber ab. Dabei wurde er aber von einem seiner eigenen Männer ermordet. Indianer zerstörten anschließend das Fort.

Spaniens Hauptleistung in Texas war die Einrichtung einer ganzen Reihe von Missionen. Die ersten beiden wurden im Jahre 1682 in der Nähe des heutigen El Paso erbaut. Im Jahre 1772 wurde San Antonio Sitz der spanischen Regierung für dieses Gebiet. Doch nur einige wenige Spanier waren an der Kolonisierung der Region interessiert, und bis zum Jahre 1793 gab es im gesamten Texas nur etwa 7000 dort fest wohnende Siedler.

Im Jahre 1821 trennte sich Mexiko eigenmächtig von Spanien und schloß Texas mit in das neu ausgerufene „Reich von Mexiko" ein. Drei Jahre später wurde Mexiko zur Republik. Niemand erkannte es damals, aber die finanziellen Schwierigkeiten eines einzigen Mannes sollten eine Reihe von Ereignissen nach sich ziehen, die den Verlauf der Geschichte von Texas verändern würden und damit auch die Landkarte der Vereinigten Staaten. Moses Austin, ein in Connecticut geborener Neu-Engländer, war zwanzig Jahre lang Bankier im spanischen Missouri-Territorium gewesen, bis ihn im Jahre 1819 eine Finanzpanik ruinierte. Als Versuch, seine Verluste wiedergutzumachen, beantragte und erhielt Austin von der mexikanischen Regierung eine Konzession, die Land in Texas zur Kolonisierung durch 200 Familien bewilligte.

Als Austin starb, ehe er seinen Plan zur Gründung einer neuen Kolonie verwirklichen konnte, wurde die Konzession auf seinen Sohn Stephen übertragen. Laut den Vereinbarungen der Konzession würden die Kolonisten für die Dauer von sieben Jahren Land steuerfrei erhalten, wenn sie zwei Bedingungen zustimmten. Die erste verlangte, daß sie mexikanische Staatsbürger werden sollten, und die zweite war, daß alle Kolonisten praktizierende Katholiken sein oder werden sollten.

In den Jahren 1821/22 brachte Stephen Austin die ersten Familien zu Siedlungen in Washington-on-the-Brazos und Columbus im südöstlichen Texas. Im Jahr darauf gründete er San Felipe de Austin im heutigen Distrikt Austin. Andere amerikanische Kolonisatoren, die die Mexikaner „empresarios" nannten, eiferten bald Austin nach, und 1827 gab es schon über 12 000 amerikanische Siedler in Texas. Viele von ihnen ware Baumwollpflanzer aus dem Süden, die ihre Sklaven mitgebracht hatten.

Dieser unerwartet große Zustrom von Amerikanern beunruhigte in zunehmendem Maße die mexikanische Regierung und führte zu Spannungen zwischen den Mexikanern und den unabhängig eingestellten Kolonisten. Um den Ansturm der amerikanischen Einwanderer zu verlangsamen und auch um die eigene Autorität zu festigen, führten die mexikanischen Behörden nach Ablauf der Siebenjahresfrist einige einschneidende Veränderungen durch. Sie schafften in Texas die Sklaverei ab und untersagten die Einführung von Sklaven. Sie beschränkten die Einwanderung auf anerkannte Katholiken und nicht auf Konvertiten, die leere Versprechungen in Sachen Glaubensbeitritt machten. Dann verhängten sie auch noch hohe Steuern gegen die Freikirchler.

Als diese Einschränkungen nichts gegen den Zustrom auszurichten vermochten, verboten die Mexikaner im Jahre 1830 die Einwanderung von Amerikanern nach Texas. Mittlerweile war die Stimmung zwischen den Mexikanern und den Kolonisten hochexplosiv geworden. Der Unmut der Amerikaner wurde noch verschlimmert, als im Jahre 1834 General Antonio Lopez de Santa Anna die verfassungsmäßige Regierung von Mexiko stürzte und die Macht ergriff. Ein Teil seiner Lösung für den Umgang mit den aufsässigen Amerikanern war die Angliederung von Texas an den mexikanischen Staat Coahuila. Damit wurden der Status und die Bedeutung von Texas verringert und eine weitere bürokratische Ebene zwischen die Kolonisten und die mexikanische Regierung geschoben. Santa Anna versuchte auch, die Siedler durch überhöhte Importzölle zu zwingen, nur mexikanische Produkte von mexikanischen Händlern zu kaufen.

Für die Kolonisten, deren Herkunft auf Freiheit und Unabhängigkeit gegründet war, gab es in dieser mißlichen Lage nur eine Lösung: Rebellion gegen die schikanöse Obrigkeit.

Im Jahre 1835 griffen die Amerikaner in Texas zu den Waffen, und nach einigen kleineren Aktionen gegen mexikanische Truppen kamen ihre Anführer in San Felipe de Austin zusammen und bildeten eine Übergangsregierung. Dann marschierten sie gegen San Antonio und nahmen die Stadt am 11. Dezember ein. Dort riefen die rebellierenden Texaner ihre Unabhängigkeit von Mexiko aus und wählten einen gestandenen Pionier und ehemaligen Soldaten, Sam Houston, zum Oberkommandierenden der Truppen der Republik Texas.

In Wirklichkeit bestanden diese Truppen lediglich aus verstreuten Gruppen von Texanern von insgesamt kaum mehr als 1000 Mann. Aber mit unglaublicher Selbstsicherheit gingen sie davon aus, daß sie, egal wie groß die Übermacht auch sein mochte, siegen würden. Diese Einstellung verursachte aber auch eine Abneigung gegen Befehle jeglicher Autorität und führte zur Vernichtung einer dieser kleinen Gruppen, für die später eine nationale Gedenkstätte errichtet wurde.

Lopez de Santa Anna konnte den Verlust von San Antonio nicht einfach so hinnehmen; er überquerte den Rio Grande River mit 7000 Soldaten und marschierte gegen die Stadt. Die Texaner weigerten sich, Houstons Befehl zum Rückzug zu folgen und verbarrikadierten sich statt dessen in einer alten spanischen Mission namens Alamo. Nach elftägiger Belagerung durch Santa Anna fiel das Alamo am 6. März 1836; jeder der 188 Verteidiger wurde getötet.

In der Hoffnung, die Revolution schnell niederzuschlagen, verfolgte Santa Anna die geschwächte Armee von Sam Houston, um sie zu einer Entscheidungsschlacht zu zwingen. Auf diesem Marsch befahl der mexikanische General in einem Ort namens Goliad die Erschießung von über 300 texanischen Kriegsgefangenen. Dann, am 20. April, erreichte Santa Anna den Fähranleger am San Jacinto River (nahe dem heutigen Houston), wo Sam Houston auf ihn wartete. Santa Anna verfügte über fast doppelt so viele Truppen wie die Texaner. Da seine Soldaten von den Verfolgungsmärschen müde waren und er nicht glaubte, daß Houston einen Angriff wagen würde, ließ Santa Anna seine Truppen ausruhen.

Aber Houston griff an und überraschte die Hälfte der gegnerischen Armee im Schlaf. Mit den Schlachtrufen „Denkt an das Alamo" und „Denkt an Goliad" fielen die Texaner über den Feind her. Von den 1450 Mexikanern töteten sie viele oder nahmen sie als Gefangene. Auch Santa Anna wurde gefangengenommen. Die Armee der Texaner mit weniger als 800 Mann verlor 16 Soldaten, und es gab nur 24 Verwundete. Dieser Sieg beendete den Krieg und sicherte die Unabhängigkeit von Texas.

Als Texas endlich von mexikanischer Herrschaft befreit war, wurde es eine Republik, und in seiner ersten nationalen Wahl stimmten die Wähler für Sam Houston als Präsident. Sie stimmten auch für den Beitritt in die Union, doch es mußten zehn Jahre vergehen, ehe das Wirklichkeit wurde.

Andrew Jackson, in seiner zweiten Amtsperiode als Präsident der Vereinigten Staaten, lag sehr daran, daß Texas noch unter seiner Regierung ein Staat würde, aber er sah davon ab, dieses Anliegen zu forcieren. Denn zu jener Zeit war die Sklaverei zu einem hitzigen Thema geworden, und das Land war gleichmäßig in Staaten mit und ohne Sklaverei aufgeteilt. Die Aufnahme von Texas, also einem der Sklavenstaaten, hätte dieses Gleichgewicht aufgehoben und Probleme aufgeworfen, mit denen sich zu jener Zeit niemand befassen wollte.

Es dauerte bis zu den letzten Tagen der Regierungszeit von Präsident Tyler, daß beide Kongreßhäuser eine gemeinsame Resolution zur Aufnahme von Texas als Staat verabschiedeten. Es war das einzige Mal, daß eine solche Verfahrensweise angewendet wurde. Der Grund dafür war, daß Texas als Staat noch immer ein unberechenbares Politikum war und eine Resolution weniger Stimmen für eine Annahme erforderte als ein Beschluß durch den Kongreß.

Die Vereinbarungen über die Zugehörigkeit als Staat erlaubten Texas, seine öffentlichen Liegenschaften zu behalten, aber es mußte seine Staatsschulden selber begleichen. Die Vereinbarungen sprachen der Bundesregierung das Recht zu, alle Grenzstreitigkeiten mit anderen Ländern zu klären – eine Klausel, die bald den expansionistischen Interessen der Vereinigten Staaten zugute kommen würde. Sie sah auch vor, daß Texas sich zu einem späteren Zeitpunkt in bis zu vier weitere Staaten aufteilen könnte.

Präsident Tyler unterzeichnete die Resolution am 1. März 1845, drei Tage vor seiner Übergabe des Weißen Hauses an seinen Nachfolger James K. Polk. Am 29. Dezember des gleichen Jahres wurde Texas offiziell zum 28. Staat der Union und entsandte Sam Houston in den Senat der Vereinigten Staaten.

DAS OREGON-GEBIET

Bis zu dem Zeitpunkt, als im Jahre 1806 die Lewis-und-Clark-Expedition nach ihrer zweijährigen Entdeckungsreise zurückgekehrt war, wußten die Amerikaner nur sehr wenig über den nordwestlichen Teil Amerikas, den man Oregon nannte. Lewis und Clark erreichten die Mündung des Columbia River am Stillen Ozean. Obwohl sie Tausende von Meilen über Land gezogen waren (und mit begeisterten Berichten zurückkehrten), hatten sie noch nicht einmal die Hälfte des Oregon-Gebiets gesehen, das von der nördlichen Grenze des zu Spanien gehörenden Kaliforniens bis zur Südgrenze des von Rußland beanspruchten Alaskas reichte. In der Breite reichte es von den Rocky Mountains westwärts bis zum Stillen Ozean.

Einige Historiker sind der Meinung, daß spanische Matrosen Ende des 14. Jahrhunderts die ersten weißen Männer gewesen seien, die die Küste Oregons sahen, und daß Sir Francis Drake im Jahre 1579 das südliche Oregon betreten habe. Aber es dauerte weitere 200 Jahre, ehe Kapitän James Cook aus England (1778) nördlich von Yaquina Bay das Cape Foulweather entdeckte und benannte. Zehn Jahre später dann betrat erstmals ein Amerikaner (Robert Gray) die Küste Oregons. Im Jahre 1792 entdeckte Gray den Columbia River, den er nach seinem Schiff benannte, und George Vancouver aus England kartographierte die Küste.

Da es für dieses Gebiet keinen eindeutig Anspruchsberechtigten gab, entstand eine sehr schwierige Situation. Vier Länder, die Vereinigten Staaten, England, Spanien und Rußland, beanspruchten Teile davon für sich. Dieses Problem wurde teilweise gelöst, als Spanien im Jahre 1819 seine Ansprüche auf Gebiete nördlich des 42. Breitengrades, der nördlichen Grenze Kaliforniens, aufgab. Später verzichtete Rußland auf Gebiete unterhalb des 54. Breitengrades, Alaskas südlicher Grenze. In der Zwischenzeit hatten England und die Vereinigten Staaten im Jahre 1818 ein Übereinkommen vereinbart, laut dem Siedler aus beiden Ländern in diesem Gebiet handeln und kolonisieren durften. Dieses Übereinkommen wurde im Jahre 1827 erneuert.

Die einzigen weißen Männer, die bis zu dieser Zeit großes Interesse dafür gezeigt hatten, dort zu leben, waren die Pelztierjäger, jene legendären, als Mountain Men bekannten Einzelgänger. So war denn der Pelzhandelsposten Astoria am Columbia River die erste Siedlung in diesem Gebiet. Er war im Jahre 1811 von der Pacific Fur Company, im Besitz von John Jacob Astor aus New York, gegründet worden.

Vierzehn Jahre später errichtete die Hudson's Bay Company aus England in der Nähe den konkurrierenden Handelsposten Fort Vancouver. Verwalter dieses Postens war zwanzig Jahre lang John McLoughlin, der später amerikanischer Staatsbürger wurde und heute als der „Vater von Oregon" geehrt wird.

Dann gründeten einige methodistische Missionare eine Siedlung im Willamette Valley, das allmählich im Osten der USA durch seine ertragreiche Fruchtbarkeit bekannt wurde. Berichte darüber und eine Wirtschaftskrise im Jahre 1837, die viele Farmer in den Ruin getrieben hatte, und das Drängen einer expansionistischen Gruppe im Kongreß, laut der die Amerikaner ihrem „vorgegebenen Schicksal" zum Pazifik folgen sollten, lösten gemeinsam den Beginn der Siedlerwanderung nach Oregon aus.

Im Jahre 1841 hatten die Siedler mit den Trecks über den Oregon Trail begonnen – 3200 Kilometer des teilweise rauhesten Gebiets im Lande. Von Independence, Missouri, wo die Wagenzüge zusammengestellt wurden, bis zum Willamette Valley führte der langsame Treck sechs Monate lang durch Prärie und Wüsten, über Berge und durch überflutete Flüsse. Außerdem mußten diese Pionier-Familien Indianerangriffe und Krankheiten, Nahrungs- und Wassermangel und unberechenbares Wetter überstehen. Aber genug von ihnen schafften es, um andere zu ermutigen, und im Jahre 1843 reisten schätzungsweise 1000 Menschen über den Oregon Trail. Zwei Jahre später stieg die Zahl auf 3000 Männer, Frauen und Kinder.

Der Ansturm der Amerikaner auf Oregon überraschte die Engländer; sie fürchteten plötzlich, sie könnten in diesem Gebiet zu kurz kommen. Sie wollten den Grenzstreit beilegen und boten an, die Grenze entlang dem Columbia River zu ziehen, aber die Amerikaner waren zuversichtlich, daß sie die gesamte Region bis hoch nach Alaska bekommen würden. James K. Polk, ein wenig bekannter demokratischer Kandidat, benutzte in seiner siegreichen Präsidentschaftswahlkampagne den Slogan „54/40 oder Kampf". Dieser Slogan nahm Bezug auf Alaskas südliche Grenze am 54. Breitengrad.

Ein möglicher Konflikt wurde vermieden, als Polk klugerweise beschloß, sein Wahlversprechen nicht einzulösen. Die Vereinigten Staaten und England handelten im Jahre 1846 einen Kompromiß aus, der das umstrittene Gebiet am 49. Breitengrad von den Rockies bis zum Pazifik teilte. England erhielt den oberen Teil und die Vereinigten Staaten den unteren. Nun reichten zum ersten Mal die Ost/West-Grenzen der Vereinigten Staaten von Küste zu Küste.

Im Jahre 1848 machte der Kongreß Oregon zu einem Territorium. Seine heutigen Grenzen wurden im Jahre 1853 festgelegt, als der Kongreß das Gebiet teilte und die obere Hälfte zum Washington-Territorium erklärte.

Als die große Siedlerwanderung beinahe völlig zum Erliegen kam, versuchte der Kongreß, die Entwicklung der Territorien durch eine einzigartige Maßnahme, das Landschenkungsgesetz von 1850, zu fördern. Dieses Gesetz bot jedem männlichen, über 18 Jahre alten amerikanischen Bürger 129 Hektar Land, wenn er sich in Oregon niederlassen und sein Land vier Jahre lang bewirtschaften würde. War er verheiratet, so hatte die Ehefrau ebenfalls Anrecht auf eine solche Schenkung. Das Angebot galt nur bis zum Dezember des Jahres 1850. Nach diesem Datum und bis Dezember 1855 mußte der Berechtigte mindestens 21 Jahre alt sein, und die Schenkung betrug nur 64 Hektar.

Am 14. Februar 1859 wurde Oregon, das zu diesem Zeitpunkt eine Bevölkerung von über 52 000 hatte, als 33. Staat in die Union aufgenommen.

DIE MEXIKANISCHE ZESSION

Als Texas sicherer Teil der Union und der Streit mit England über die Grenze des Oregon-Territoriums beigelegt war, konzentrierten sich die Expansionisten in Amerika auf Kalifornien, eine Provinz der Republik Mexiko.

Mexikos Anspruch auf Kalifornien ging 300 Jahre zurück bis zum Jahr 1542, als Juan Rodriguez Cabrillo, ein portugiesischer Kapitän im Sold Spaniens, von Neuspanien (Mexiko) aussegelte, um nach den goldenen Städten zu suchen und sie zu plündern und um eine West-Ost-Wasserstraße, die den Pazifik und den Atlantik miteinander verband, zu finden. Cabrillo gebührt die Ehre, der erste Europäer gewesen zu sein, der die Küste von Kalifornien erblickte. Er ankerte in der San Diego Bay, ehe er sich weiter nordwärts vorwagte.

Aber auch England hatte durch Sir Francis Drake einen frühen Anspruch auf Kalifornien, da dieser im Jahre 1579 die kalifornische Küste während seiner berühmten Weltumseglung berührt und das Gebiet New Albion genannt hatte. Aber es waren die Spanier und später die Mexikaner, die zuerst Missionen, dann Militärforts und schließlich Dörfer gründeten.

Es dauerte bis zum Jahre 1796, bis das erste amerikanische Schiff, die „Otter", Kalifornien erreichte und den Weg für andere Handelsschiffe zeigte. Die einzigen Amerikaner, die auf dem Landweg kamen, waren die Mountain Men, die entlang der Pazifikküste der Fallenjagd nachgingen, egal wem das Territorium gehörte. Im Jahre 1841 bahnte sich der erste Wagenzug amerikanischer Siedler einen Weg nach Kalifornien, und bald folgten diesem viele andere Trecks. Dann führte im Jahre 1844 – zum Verdruß der mexikanischen Behörden – John Charles Fremont eine Gruppe von Militärlandvermessern nach Kalifornien.

Als Fremont im März 1846 nach Kalifornien zurückkehrte, wiesen die Mexikaner, die bereits durch das Eindringen amerikanischer Siedler verunsichert und wegen der Absichten der Vermessungsgruppe besorgt waren, dessen Gruppe an, die Provinz zu verlassen. Ungeachtet dieser Anordnung ließ Fremont seine Gruppe ungefähr 25 Meilen von Monterey entfernt ihr Lager aufschlagen, hißte die amerikanische Flagge und begann mit dem Bau eines kleinen Forts. Dann aber änderte er seine Meinung und verließ eines Nachts das Gebiet. Sechs Wochen später befanden sich Mexiko und die Vereinigten Staaten im Kriegszustand.

Seit Texas seine Unabhängigkeit gewonnen hatte, waren die diplomatischen Beziehungen zwischen beiden Ländern immer angespannter geworden. Mexiko hatte sich geweigert, Texas als Republik anzuerkennen, und war verärgert, zumal es nichts dagegen unternehmen konnte, als die Vereinigten Staaten die neue Nation willkommen hießen. Die mexikanische Regierung warnte die Vereinigten Staaten, daß sie den Krieg erklären würde, wenn Texas zur Union zugelassen würde. Als Texas im Jahre 1845 Unionsstaat wurde, brach Mexiko die diplomatischen Beziehungen zu den Vereinigten Staaten ab.

Zu einem anderen Zeitpunkt und ohne den durch Amerika strömenden Pioniergeist und ohne die Ergebenheit in dieses „vorgegebene Schicksal" hätten sich besonnenere Köpfe durchgesetzt und die Angelegenheit statt mit Krieg durch friedliche Bemühungen gelöst. Mexiko, bereits mit internen Problemen belastet, befand sich praktisch inmitten einer Revolution und wäre mit einer Geste zufrieden gewesen, mit der es das Gesicht hätte wahren können. Es gab jedoch zwei Streitfragen, die der Grund für den kommenden Konflikt waren.

Erstens gab es den Grenzstreit zwischen Texas und Mexiko. Texas sah den Rio Grande River als seine westliche Grenze an, während Mexiko behauptete, Texas reiche nur bis zum Nueces River. Zweitens ging es um drei Millionen Dollar, die amerikanischen Bürgern als Entschädigung für Verluste gezahlt werden sollten, die ihnen in Mexiko seit den 20er Jahren des 18. Jahrhunderts durch Revolution, Diebstahl und Beschlagnahmung entstanden waren.

Präsident James Polk, ein leidenschaftlicher Expansionist, schickte seinen Abgesandten John Slidell mit einem Angebot von 25 Millionen Dollar und dem Verzicht auf alle Schadensersatzansprüche nach Mexiko City, um dafür im Gegenzug die Anerkennung des Rio Grande als Grenze von Texas und dazu noch die Abtretung von Neu-Mexiko und Kalifornien an die Vereinigten Staaten zu erreichen. Sollte Mexiko sich nicht von Neu-Mexiko und Kalifornien trennen wollen, dann sollte Slidell anbieten, alle Ansprüche im Tausch für die Rio Grande-Grenze fallenzulassen. Unglücklicherweise war die politische Lage in Mexiko City so instabil, daß kein hochrangiger Beamter Slidell empfangen wollte. Er kehrte nach Washington zurück und empfahl, daß die Mexikaner „gezüchtigt" werden müßten.

Im März 1846 wies Präsident Polk eine Armee von 3000 Mann unter dem Befehl von Generalmajor Zachary Taylor an, ihren Standort vom Nueces zum Rio Grande zu verlagern. Bis Mitte April hatten die Amerikaner am Rio Grande so Stellung bezogen, daß sie Matamoros, die wichtigste mexikanische Stadt in diesem Gebiet, überblicken konnten. Dann, am 25. April, durchquerte eine mexikanische Abteilung den Fluß und überfiel einen Erkundungstrupp der U.S.-Kavallerie.

Als die Nachricht vom Tod von 15 U.S.-Soldaten Washington erreichte, berief Präsident Polk den Kongreß ein und erklärte, daß mexikanische Truppen auf das Territorium der Vereinigten Staaten vorgedrungen seien und „amerikanisches Blut auf amerikanischem Boden vergossen hätten", wobei er außer acht ließ, daß der Besitzstand dieses Gebietes noch nicht geklärt war. Der Kongreß reagierte darauf mit der Kriegserklärung an Mexiko und bewilligte 10 Millionen Dollar zur Finanzierung der Anwerbung von 50 000 Freiwilligen.

Zachary Taylors Armee brach jeglichen Widerstand in Nord- und Zentralmexiko, und General Winfield Scott leitete seine Kampagne im Süden mit der ersten erfolgreichen amphibischen Landung amerikanischer Truppen auf fremdem Boden (bei Vera Cruz) ein. Schnell erkannten die Mexikaner ihre an allen Fronten aussichtslose Lage. Der Konflikt war beendet, als sechzehn Monate nach der Kriegserklärung des amerikanischen Kongresses Mexiko City in die Hand der Eindringlinge fiel.

Zur gleichen Zeit, als Taylor seine Truppen in das Gebiet südlich des Rio Grande geführt hatte, verließ General Stephen Kearny mit 1700 Soldaten Fort Leavenworth und besetzte Santa Fé in Neu-Mexiko. Dann ließ Kearny einen Teil seiner Armee den Rio Grande überqueren, um Chihuahua einzunehmen, während er mit seinen restlichen Truppen die Wüste in Richtung Kalifornien durchquerte. Er traf dort gerade rechtzeitig zum endgültigen Zusammenbruch des mexikanischen Widerstands ein, der den Angriffen der See- und Landeinheiten nicht mehr hatte standhalten können, die von Marinekapitän Robert Stockton und Armeehauptmann John Fremont durchgeführt worden waren.

Am 2. Februar 1848 trafen amerikanische und mexikanische Unterhändler in dem kleinen Dorf Guadalupe Hidalgo zusammen und unterzeichneten einen Friedensvertrag, der den Vereinigten Staaten alles zubilligte, was Präsident Polk ursprünglich verlangt hatte. Mexiko trat das umstrittene Gebiet zwischen dem Nueces und dem Rio Grande River sowie die Territorien Neu-Mexiko und Kalifornien ab. Zum Ausgleich zahlten die Vereinigten Staaten für diese Territorien 15 Millionen Dollar an Mexiko.

Der Mexikanische Krieg, obwohl gemessen an aufgewendeter Zeit, Soldaten, Material und Geld nur als kleiner Konflikt eingestuft, hatte jedoch weitreichende Auswirkungen für die Vereinigten Staaten. Die neuen Territorien erweiterten das Land um 1 359 750 Quadratkilometer und fügten das vorletzte Gebietsstück in das kontinentale Mosaik ein, das für die Vereinigten Staaten unbeschränktes Eigentumsrecht von Küste zu Küste bedeutete. Zudem vereitelte es jegliche zukünftige Kolonisationsversuche fremder Mächte in diesen Regionen.

Die Annexion von Neu-Mexiko und Kalifornien löste erbitterte Debatten zwischen dem Norden und dem Süden über die Frage aus, ob diese Territorien Staaten mit oder ohne Sklaverei werden sollten. Nur Henry Clays Kompromiß von 1850 konnte vorübergehend die Befürworter der Pro- und Anti-Sklaverei-Fraktionen beschwichtigen und half, eine Teilung der Nation um ein weiteres Jahrzehnt aufzuschieben. Gemäß den Vereinbarungen des Kompromisses wurde im Jahre 1850 das sklavenfreie Kalifornien als 31. Staat in die Union aufgenommen.

Der Mexikanische Krieg diente auch als Feuertaufe für die vielen Offiziere, die später im Bürgerkrieg kämpfen würden. Zu ihnen gehörten Ulysses S. Grant, Robert E. Lee, William T. Sherman, Jefferson Davis, Thomas „Stonewall" Jackson, George Meade und George McClellan.

DER GADSDEN PURCHASE

Das letzte Gebietsstück, das noch fehlte, um die Kontinentalgrenzen der Vereinigten Staaten, so wie sie heute bestehen, zu vervollständigen, wurde im Rahmen eines regelrechten Ankaufs von Mexiko mit einem am 30. Dezember 1853 unterzeichneten Vertrag erworben.

Der Vertrag von Guadalupe Hidalgo, der den Mexikanischen Krieg beendet hatte, definierte die westlichste Grenze zwischen beiden Ländern nur unzureichend. Bei dem fraglichen Gebiet handelte es sich um einen Streifen Land südlich des Gila River, in den späteren Staaten Arizona und New Mexico.

James Gadsden, Vorstandsmitglied einer Eisenbahngesellschaft, der als Minister der Vereinigten Staaten für Mexiko fungierte, war bestrebt, diese Grenzfrage zu klären. Er hatte gleichzeitig erkannt, daß dieses Gebiet den Vereinigten Staaten eine ausgezeichnete südliche Eisenbahnverbindung zur Pazifikküste bescheren könnte. Mit Nachdruck betrieb er die Verhandlungen mit dem mexikanischen Präsidenten Santa Anna (dem selben Mann, der die Verteidiger des Alamo vernichtet hatte) und kaufte 76 767 Quadratkilometer für 10 Millionen Dollar. Mit diesem Gadsden Purchase waren die Grenzen der 48 zusammenhängenden Staaten der USA endgültig festgelegt.

DER ALASKA PURCHASE

Das zweitbeste Immobiliengeschäft für die USA nach dem Louisiana Purchase war der Ankauf von Alaska, obwohl Kritiker aus jener Zeit ihn als „Sewards Narrenstück" oder „Sewards Kühlkammer" abtaten.

Am 30. März 1867 willigte William Seward, damals Außenminister der Vereinigten Staaten, in den Kauf des russischen Territoriums Alaska für 7 200 000 Dollar ein, was einen ungefähren Kaufpreis von fünf Cents pro Hektar bedeutete. Hierdurch kamen die Vereinigten Staaten in den Besitz eines Gebietes von 1 530 700 Quadratkilometern Größe, das sich über 3540 Kilometer von Ost nach West zog, 1931 Kilometer von Nord nach Süd, mit 10 621 Kilometer Küste.

Alaska, über zweimal so groß wie Texas und fast ein Fünftel so groß wie die restlichen Vereinigten Staaten, liegt näher an Sibirien als an den 48 Staaten der USA. Nur 82 Kilometer trennen das Festland Alaskas von Sibirien, während Kanada es mit 805 Kilometern Breite vom Staat Washington trennt. Etwa ein Drittel Alaskas liegt nördlich des Polarkreises, doch seine nördlichste Grenze ist immer noch 2092 Kilometer vom Nordpol entfernt.

Die Ureinwohner Alaskas sind die Eskimos, die Aleuten,

die mit den Eskimos verwandt sind, und die Indianer. Erst 1741 landete der erste Fremde auf Kayak Island vor der Küste des südöstlichen Alaskas. Es war der dänische Kapitän Vitus Bering, der von Zar Peter dem Großen von Rußland beauftragt worden war, den Nordpazifik zu erkunden. Erst vierzig Jahre später wurde die erste weiße Siedlung, ein Handelsposten für Trapper und Händler, auf Kodiak Island errichtet.

Im Jahre 1799 nahm die Russisch-Amerikanische Gesellschaft, die von Rußland konzessioniert worden war, um in Alaska Handel zu betreiben, ihre Geschäfte in Sitka auf und wurde für die Dauer der folgenden 68 Jahre die einzige Gesetzes- und Regierungsinstanz dieses Territoriums. Während der meisten Zeit mißbrauchten die Russen die Indianer und Aleuten als Sklavenarbeiter und dezimierten die Bestände der Pelztiere. Im Laufe der zwanziger Jahre des 18. Jahrhunderts legten die Russen mit den Vereinigten Staaten und England den 54. Breitengrad als die südliche Grenze ihres Territoriums in Amerika fest und räumten beiden Ländern auch das Recht ein, entlang der Küste Alaskas Handel zu treiben.

In den 50er Jahren des 18. Jahrhunderts hatte die russische Handelsgesellschaft ihre Geschäfte fast völlig eingestellt, und die russische Regierung war gezwungen, einzugreifen. Doch nach den Verlusten der Russen im Krim-Krieg (1853-56) war der Regierung daran gelegen, mit Alaska ein Geschäft zu machen, und genau das wollte auch Seward.

Im Verlauf der ersten 17 Jahre unter amerikanischer Flagge war Alaska mit großer Gleichgültigkeit behandelt worden. Es verfügte über keine Regierung und wurde von einem Bundesministerium zum anderen weitergereicht; erst war das Kriegsministerium zuständig, dann das Finanzministerium und dann die Marine.

Als sich langsam Siedler in diesem Territorium niederließen und die ersten Lachskonservenfabriken errichtet wurden, um Alaskas reiche Fischgründe auszubeuten, verabschiedete der Kongreß im Jahre 1884 das erste „Organic Act". Dieses Gesetz machte Alaska zu einem „zivilen und juristischen Distrikt" mit einer Gesetzgebung und einem Bundesgericht; doch das Recht, Gesetze zu erlassen, blieb dem Kongreß vorbehalten.

Als im Jahre 1896 im Klondike-Gebiet des Yukon-Territoriums Gold entdeckt wurde, wurde Alaska von Neuankömmlingen überschwemmt. Orte wie Skagway wurden über Nacht aus dem Boden gestampft und bereicherten sich am Durchgangsverkehr zum Klondike. Alaskas Bevölkerung nahm nochmals sprunghaft zu, als in Nome und Fairbanks ebenfalls Gold entdeckt wurde. In der Zwischenzeit wurden entlang der Küste immer mehr Konservenfabriken gebaut und im südlichen Teil des Gebiets Kupfervorräte entdeckt.

Ein sicheres Zeichen für die schnelle Entwicklung Alaskas war, daß im Jahre 1906 die Einwohner ihren ersten Delegierten wählten und in den Kongreß entsandten. Ihm wurde erlaubt, im Repräsentantenhaus Reden zu halten, doch das Wahlrecht stand ihm noch nicht zu. Im Jahre 1912 ging es einen Schritt weiter, als der Kongreß das zweite „Organic Act" verabschiedete und damit Alaska offiziell zum U.S.-Territorium machte und die Bildung einer gesetzgebenden Versammlung mit begrenzten Befugnissen genehmigte.

Doch erst der Zweite Weltkrieg ließ die Bundesregierung die militärische Bedeutung Alaskas wegen dessen Nähe zu Asien erkennen. Schnell wurden zahlreiche militärische Einrichtungen errichtet und mit Tausenden von amerikanischen Soldaten belegt. Die Regierung ließ den Alaska Highway bauen, damit diese Stützpunkte versorgt werden konnten. Das jedoch konnte die Japaner nicht aufhalten. Sie bombardierten Dutch Harbor auf den Aleuten und besetzten drei der Inseln, Agattu, Attu und Kiska – die einzigen Gebiete Nordamerikas, die je von einem Gegner besetzt waren. Zu

Beginn des Jahres 1943 eroberten amerikanische Truppen die Inseln zurück.

Jahrelang bemühte sich Alaska um Anerkennung als Bundesstaat, und im Jahre 1956 wurde eine Verfassung verabschiedet, die nach der Anerkennung in Kraft treten sollte. Endlich, am 30. Juni 1958, stimmte der Kongreß dem Beitritt in die Union zu, und Alaska feierte gebührend. Am 3. Januar 1959 wurde Alaska durch eine Präsidiale Proklamation von Dwight D. Eisenhower zum 49. Staat erklärt.

DIE ANNEXION VON HAWAII

Hawaii, der jüngste Stern im blauen Feld der Flagge der Vereinigten Staaten von Amerika, ist mit seiner geographischen Beschaffenheit und seinen ethnischen Besonderheiten sicherlich der außergewöhnlichste Staat der Union.

Als einziger Staat der USA befindet er sich nicht auf dem nordamerikanischen Kontinent. Er besteht aus einer 2590 Kilometer langen, 132 Inseln zählenden Kette in der Mitte des Pazifiks und ist über 3800 Kilometer von der Westküste Amerikas entfernt. Hawaii liegt weiter südlich als jede Stadt der Südstaaten, und die Hauptstadt Honolulu liegt auf dem gleichen Breitengrad wie Zentralmexiko. Es gibt acht Hauptinseln, die am südöstlichen Ende der Kette liegen, und von diesen acht ist Oahu mit der größten Bevölkerungsdichte und dem Sitz der Hauptstadt die wichtigste.

Hawaii ist der einzige Staat, der einmal eine eigenständige Monarchie war. Heute gilt er als einer der größten „Schmelztiegel", denn die vielsprachige Bevölkerung setzt sich aus Menschen polynesischer, chinesischer, philippinischer und japanischer Abstammung zusammen, dazu Amerikaner verschiedener ethnischer Herkunft und andere kaukasische Gruppen. Jedes dieser Völker hat etwas zu den Gebräuchen, der Kultur und dem Lebensstil der Inseln beigetragen.

Laut den Sagen der Inseln reicht die Geschichte Hawaiis über 2000 Jahre zurück, als die ersten Polynesier hier mit großen Kanus eintrafen. Eine zweite Welle von Polynesiern, vermutlich aus Tahiti, soll um 1200 n. Chr. die Inseln erreicht haben. Es wird angenommen, daß irgendwann im 16. Jahrhundert hier schon Kapitäne aus Europa oder Asien mit ihren Schiffen vor Anker gingen, doch die erste dokumentierte Landung fand am 18. Januar 1778 statt. An diesem Tag entdeckte der britische Marinekapitän James Cook, auf Entdeckungsfahrt im Pazifik, die Inseln von Hawaii. Cook blieb zwei Wochen, um die Inseln zu erkunden und um mit den Insulanern Tauschgeschäfte zu machen. Ehe er weitersegelte, benannte er das Gebiet zu Ehren des Ersten Lords der Britischen Admiralität, des Earls of Sandwich, die Sandwich-Inseln. Cook kehrte im November nach Hawaii zurück und wurde Anfang 1779 in einem Kampf zwischen seinen Männern und Eingeborenen getötet. Die Entdeckung der Inseln hatte weitreichende Auswirkungen für die Zukunft dieser Region. Es kamen andere Entdecker und Händler, die den Menschen von Hawaii nicht nur neuartige Waren und Produkte bescherten, sondern auch neue Krankheiten, die für sie tödlich sein würden.

Zur Zeit von Cooks Besuch wurden die einzelnen Inseln von ortsansässigen Häuptlingen regiert. Doch 1795 waren die Hauptinseln, mit Ausnahme von Kauai und Niihau, von König Kamehameha I. vereinigt worden. Im Jahre 1810 unterwarfen sich auch die beiden zuvor genannten Inseln seiner Herrschaft. Neun Jahre später schaffte Kamehameha II. die hawaiianische Religion ab, die noch Menschenopfer verlangte, Fetische anbetete und an viele Gottheiten glaubte. Es war ein von Vorsehung gelenkter Schritt gewesen, denn es vergingen keine zwölf Monate, bis die Brigg „Thaddeus" eintraf und vor Hawaii ankerte, um eine Gruppe protestantischer Missionare an Land zu setzen. Innerhalb kurzer Zeit hatten die Missionare die meisten der Insulaner zum Christentum bekehrt.

Anfänglich bestand die Haupteinnahmequelle der Inseln darin, Handelsschiffe und Walfänger mit Süßwasser und Proviant zu versorgen und Sandelholz nach China zu exportieren. Obwohl es belegt ist, daß Ananaspflanzen bereits 1813 importiert wurden (sie sind keine auf Hawaii heimischen Pflanzen), begann die kommerzielle Produktion erst gegen Ende des Jahrhunderts, als 1000 Pflanzen von der Insel Jamaika eingeführt wurden. Die erste große Zuckerrohrplantage wurde im Jahre 1835 auf Kauai von einer amerikanischen Gesellschaft in Betrieb genommen.

Die Zunahme landwirtschaftlicher Produktion zusammen mit der hauptsächlich durch Krankheiten verursachten Dezimierung einheimischer Arbeitskräfte führte zu dem Import von Arbeitskräften aus anderen Ländern und zum Völkergemisch, das so typisch für das heutige Hawaii ist. Zuerst kamen die Chinesen, dann die neuen Polynesier und die Japaner, gefolgt von Portugiesen, Philippinos, Koreanern und Puertoricanern.

Als im Jahre 1840 die Inseln eine Verfassung annahmen, die eine gesetzgebende Versammlung und ein Oberstes Gericht verlangte, wandelte sich die Regierung von Hawaii von einer auf ihre Weise gütigen Autokratie zu einer konstitutionellen Monarchie. Die Versammlung setzte sich zusammen aus einem Rat der Häuptlinge und einem gewählten Repräsentantenhaus. Nach dieser Änderung wurde das Königreich Hawaii von den Vereinigten Staaten, Großbritannien und Frankreich als selbständige Regierung anerkannt.

Die Monarchie blieb unangefochten bis zum Jahre 1893 bestehen, als eine unblutige Revolution Königin Liliuokalani stürzte, die als Thronfolgerin zwei Jahre zuvor den Thron bestiegen hatte. Die Königin hatte unklugerweise versucht, ihre Macht über ihre konstitutionellen Befugnisse hinaus auszubauen, und hatte damit eine Rebellion provoziert, die von einer kleinen Gruppe von Amerikanern, Engländern und Deutschen angeführt wurde. Die Königin wurde abgesetzt, und die Revolutionäre gründeten die Republik Hawaii und ernannten Richter Sanford B. Dole zum ersten und einzigen Präsidenten der Republik.

Die Regierung der Republik regierte die Inseln, bis eine mächtige Gruppe amerikanischer Pflanzer und Geschäftsleute, die unbedingt den Schutz der militärischen Macht der USA und auch einige wichtige Steuervorteile erlangen wollten, die Vereinigten Staaten davon überzeugten, Hawaii zu annektieren. Am 12. August 1898 erreichten sie ihr Ziel, und zwei Jahre später wurden die Inseln von Hawaii zum U.S.-Territorium mit Sanford Dole als erstem Gouverneur.

Die amerikanische Marine erkannte den strategischen Wert der Inseln und begann kurz vor dem Ausbruch des Ersten Weltkrieges mit dem Bau des Marinestützpunktes Pearl Harbor. Die U.S.-Armee errichtete ihrerseits Stützpunkte um Honolulu herum. Hawaii blieb jedoch von Kriegen verschont, bis am 7. Dezember 1941 Flugzeuge der japanischen Marine Pearl Harbor und das Flugfeld von Oahu angriffen. Die Vereinigten Staaten wurden so in den Zweiten Weltkrieg hineingezogen und kämpften an der Seite der Alliierten gegen die Achsenmächte.

Nach dem Krieg empfahl Präsident Harry Truman den Beitritt Hawaiis zur Union. Durch seine Unterstützung ermutigt, entwarf und billigte Hawaii eine Verfassung, die nach Aufnahme als Bundesstaat in Kraft treten sollte; doch dieses langerwartete Ereignis sollte erst am 11. März 1959 stattfinden. Insgesamt 59 Gesetzesvorlagen waren zwischen den Jahren 1903 und 1959 in Sachen Anerkennung als Bundesstaat dem Kongreß vorgelegt worden, ehe der Senat endlich einer davon zustimmte. Das Haus verabschiedete das Gesetz am Tag darauf, und Präsident Eisenhower unterzeichnete es am 18. März. Im Juni entschieden sich die Bürger von Hawaii mit überwältigender Mehrheit für die Auf-

nahme in den Staatenbund, und am 21. August wurde Hawaii der 50. Unionsstaat.

TERRITORIEN DER USA

Kein Bericht über die Ausdehnung und Entwicklung der Vereinigten Staaten wäre vollständig, ohne nicht auch die weiter abgelegenen Regionen zu nennen, die ebenfalls das Sternenbanner zu ihrer Flagge gemacht haben. Hier einige der wichtigsten dieser Gebiete.

Puerto Rico (ein Commonwealth)

Puerto Rico, im Jahre 1493 von Columbus während dessen zweiter Reise entdeckt und für Spanien beansprucht, ist wahrscheinlich der einzige Teil der Vereinigten Staaten, wo er tatsächlich landete. Diese grüne Insel, deren spanischer Name „Reicher Hafen" bedeutet, liegt etwas über 1600 Kilometer südöstlich von der Spitze Floridas entfernt und bildet einen Teil der Barriere zwischen dem Atlantischen Ozean und dem Karibischen Meer.

Obwohl es seit dem Jahr 1898 Teil der Vereinigten Staaten ist, als Spanien es nach dem Spanisch-Amerikanischen Krieg abtrat, spiegeln Puerto Ricos Hauptsprache sowie Sitten und Gebräuche noch immer das spanische Erbe wider. Die erste Kolonie war im Jahre 1508 von Juan Ponce de Leon gegründet worden, und trotz regelmäßiger Heimsuchung durch Wirbelstürme, Krankheiten und auch Angriffe der Indianer, Holländer, Engländer und Franzosen entwickelte sie sich weiter.

Im Jahre 1917 verlieh der Kongreß den Puertoricanern die amerikanische Staatsbürgerschaft. Die Einwohner der Insel dankten es im Ersten Weltkrieg mit freiwilligem Dienst in den Streitkräften und jedem danach folgenden Krieg. Im Jahre 1946 wurde von Präsident Truman der erste einheimische Gouverneur ernannt, und ein Jahr später gewährte der Kongreß den Insulanern das Recht, ihren eigenen Gouverneur zu wählen.

Im Jahre 1950 verabschiedete der Kongreß das Public Law 600, das Puerto Rico bevollmächtigte, sich eine eigene Verfassung zu geben. Diese Verfassung wurde am 1. Juli 1952 vom Kongreß genehmigt, und am 25. Juli wurde Puerto Rico ein selbstverwaltetes Commonwealth.

Guam (ein Territorium)

Am 1. August 1950 wurde Guam ein U.S.-Territorium und seine Einwohner amerikanische Staatsbürger. Das amerikanische Innenministerium ist für die Verwaltung von Guam zuständig, aber der Gouverneur und dessen Stellvertreter werden gewählt, und ein Delegierter ohne Stimmrecht wird in das amerikanische Repräsentantenhaus entsandt. Kommunale Gesetze werden von einer gewählten Einkammerversammlung erlassen.

Diese Pazifikinsel liegt am südlichen Ende der Marianen, zu denen Rota, Saipan und Tinian gehören, und ist Teil einer versunkenen, vulkanischen Bergkette, die sich über 2500 Kilometer nordwärts in Richtung Japan erstreckt. Guam ist etwa 48 Kilometer lang, zwischen sechs und sechzehn Kilometer breit und liegt 2400 Kilometer östlich von den Philippinen.

Der portugiesische Seefahrer Ferdinand Magellan entdeckte Guam und Rota im Jahre 1521 und nannte beide die Islas de los Ladrones (Inseln der Diebe), da die Eingeborenen es meisterhaft verstanden, Gegenstände von seinem Schiff zu stehlen. Spanien machte Guam im Jahre 1561 zu seiner Besitzung, aber es dauerte hundert Jahre, ehe Spanien dort nach der Ankunft spanischer Jesuiten eine eigene Regierung einsetzte. Guam blieb bis zum Jahre 1898 unter spanischer Kontrolle, als es gemäß den Vereinbarungen des Vertrags von Paris am Ende des Spanisch-Amerikanischen Krieges an die Vereinigten Staaten abgetreten wurde. Spanien verkaufte damals die anderen Inseln dieser Gruppe an Deutschland.

Die übrigen Inseln der Marianen werden von den Vereinigten Staaten als Teil des UNO-Treuhandgebietes der Pazifischen Inseln verwaltet. Sie streben zur Zeit ihre Unabhängigkeit an.

Die Virgin Islands (ein Territorium)

Etwa 65 Kilometer östlich von Puerto Rico, zwischen dem Atlantischen Ozean und dem Karibischen Meer, liegen St. Croix, St. John und St. Thomas, die Virgin Islands der Vereinigten Staaten. Sie bilden das westliche Ende der westindischen Inselkette, der Kleinen Antillen. Direkt östlich davon, und auch Teil dieser Kette, liegen die britischen Virgin Islands.

Kolumbus stieß während seiner Entdeckungsfahrt von 1493 auf diese Inselgruppe und gab ihnen, zu Ehren der Heiligen Ursula und den 11 000 Jungfrauen, die von den Hunnen getötet worden waren, den Namen Jungferninseln (Virgin Islands). Obwohl Kolumbus die gesamten Inseln im Namen Spaniens vereinnahmte, siedelten die Spanier zu keiner Zeit auf ihnen, nutzten sie aber zum Schutz vor Piraten als Verstecke für ihre Schatzschiffe.

Es wird vermutet, daß die englischen Siedler, die auf dem Weg zur Gründung von Jamestown in Virginia waren, hier auf den Inseln verweilten, aber eine feste Siedlung wurde nicht gegründet, bis im Jahre 1625 die Engländer und Holländer auf St. Croix an Land gingen. Im Jahre 1666 beanspruchten die Dänen St. Thomas für sich, und nach einem Fehlschlag gelang es ihnen dann sechs Jahre später, dort eine feste Kolonie aufzubauen. Die Dänen siedelten sich auch auf St. John an.

Innerhalb kurzer Zeit wechselte St. Croix seine Besitzer. Zuerst waren es die Spanier, die von Puerto Rico aus die Engländer und Dänen vertrieben. Dann wurden die Spanier von den Franzosen verdrängt, die St. Croix im Jahre 1733 für 15 000 Dollar an die Dänen verkauften. Fast zweihundert Jahre lang versuchte man erfolglos, die Inseln kommerziell zu nutzen, bis Dänemark sie schließlich für 25 Millionen Dollar an die Vereinigten Staaten verkaufte. Die Übergabe fand offiziell am 31. März 1917 statt.

Im Jahre 1927 wurden die Einwohner der Inseln amerikanische Staatsbürger, und später wurde ihnen, wenn sie Englisch lesen und schreiben konnten, das Wahlrecht für kommunale, aber nicht für nationale Wahlen eingeräumt.

Die Virgin Islands besitzen den Status eines Territoriums und werden vom U.S.-Innenministerium verwaltet. Seit 1970 können die Wähler ihren eigenen Gouverneur wählen. Die gesetzgebende Versammlung der Inseln besteht aus einer Senatskammer, die für jeweils zwei Jahre gewählt wird. Seit 1972 wird auch ein Delegierter ohne Stimmrecht in das U.S.-Repräsentantenhaus entsandt. Zur Zeit haben die Inseln noch keine eigene Verfassung; den jüngsten Entwurf dazu wiesen sie im Jahre 1981 ab. Das Revised Organic Act of the Virgin Islands, das der Kongreß im Jahre 1954 verabschiedete, wird immer noch an Stelle einer Verfassung verwendet.

Die Haupteinnahmequelle der Inseln ist der Tourismus, gefolgt von Ölraffination, Bauxitverarbeitung und Rum.

Amerikanisch-Samoa (ein Territorium)

Amerikanisch Samoa ist Teil einer aus vierzehn Inseln vulkanischen Ursprungs bestehenden Kette, die sich im Südpazifik über ein Gebiet von etwa 3000 Quadratkilometer hinzieht. Die Inselgruppe wird vom 171. westlichen Längengrad geteilt. Die Inseln westlich davon bilden West-Samoa,

ein seit dem Jahre 1962 unabhängiges Land, östlich davon Amerikanisch Samoa, das 7700 Kilometer südwestlich von San Franzisco liegt und eine Landfläche von insgesamt 197 Quadratkilometern hat. Tutuila, die größte und wichtigste Insel im amerikanischen Teil der Inseln, ist 140 Quadratkilometer groß und hat den einzigen guten Hafen von ganz Samoa, den Hafen Pago Pago. Die Eingeborenen von Samoa gelten zwar als Angehörige der USA, sind aber keine US-Staatsbürger.

Die U.S.-Marine hat seit dem Jahre 1872 einen Stützpunkt auf Tutuila, aber erst ein Vertrag aus dem Jahre 1889 mit Großbritannien und Deutschland gab den Vereinigten Staaten die Kontrolle über die Inseln östlich des 171. westlichen Längengrades. Deutschland kontrollierte die Inseln westlich davon, bis der Völkerbund sie im Jahre 1920 Neuseeland zusprach.

Im Jahre 1977 wurde auf Amerikanisch-Samoa die erste allgemeine Gouverneurswahl abgehalten. Im Jahr darauf erhielten die Inseln im Kongreß einen Sitz für einen Delegierten ohne Stimmrecht. Gemäß der Verfassung, die im Jahre 1960 angenommen wurde, verfügt Samoa über eine eigene kommunale Legislative. Außerdem besteht ein Inter-Samoa-Beratungskomitee, das aus Mitgliedern beider Samoas besteht und zur Lösung von Fragen von beiderseitigem Interesse zusammenkommt.

Wake Island (eine Besitzung)

Im westlichen Zentralpazifik, 3700 Kilometer westlich von Honolulu und fast 3200 Kilometer von Tokio entfernt, liegt das kleine Atoll Wake Island. Im Jahre 1796 wurde es von den Engländern entdeckt und Jahre später von einer Expedition der U.S.-Marine vermessen. Das einst unbewohnte, dreieckig geformte Atoll besteht aus drei winzigen Inseln und einer seichten, von Riffs eingeschlossenen Lagune. Die gesamte Landfläche beträgt etwa 8 Quadratkilometer.

Wake wurde von den Japanern im Dezember 1941 eingenommen, obwohl eine kleine Militärgarnison und einige Zivilisten die Insel hartnäckig verteidigt hatten. Am Ende des Krieges wurde sie an die Vereinigten Staaten zurückgegeben. Heute wird die Insel von der U.S.-Luftwaffe verwaltet.

Midway Island (eine Besitzung)

Ein anderer Flecken im Pazifik ist Midway, ein Atoll, das aus zwei Inseln besteht, die zusammen eine Landfläche von fünf Quadratkilometern haben. Es liegt 2000 Kilometer nordwestlich von Honolulu.

Midway wurde im Jahre 1859 von den Vereinigten Staaten entdeckt und 1867 annektiert. Zuerst diente es als Seekabelzwischenstation, und in den 30er Jahren dieses Jahrhunderts wurde dort ein Flughafen gebaut.

Vom 4. bis zum 6. Juni 1942 wurde das Seegebiet um Midway zum Schauplatz des ersten entscheidenden Marinesieges der Amerikaner im Krieg gegen die Japaner. Einige Militärexperten vertreten die Meinung, daß die Schlacht von Midway der Wendepunkt im Pazifik-Krieg war.

Midway wird heute von der U.S.-Marine verwaltet.

Die Panamakanal-Zone

Ein im Jahre 1903 zwischen den Vereinigten Staaten und der erst vor kurzem unabhängig gewordenen Republik Panama abgeschlossener Vertrag markiert den Beginn einer der größten technischen Leistungen in der Menschheitsgeschichte: den Bau des Panamakanals. Gemäß dem Vertrag stellte Panama einen 16 Kilometer breiten und 64 Kilometer langen Landstreifen zwischen dem Atlantik und dem Pazifik zur Verfügung. Durch diese Kanalzone sollte der Kanal geführt werden.

Den Vereinigten Staaten wurde das Recht zugesprochen, den Kanal zu bauen, zu betreiben und die Zone zu verwalten. Im Gegenzug dafür mußte an Panama eine jährliche, garantierte Miete gezahlt werden. Panama behielt die Hoheitsrechte für die Städte Colon und Panama, die an den jeweiligen Endpunkten des Kanals liegen. Im Jahre 1979 wurde der Grundvertrag geändert, und Panama übernahm das Land, die Trockendocks, Häfen und Eisenbahnanlagen in der Kanalzone. Die Gesamtkontrolle über den Kanal wird im Jahr 2000 an Panama übergehen.

DIE VEREINIGTEN STAATEN HEUTE

Es neigt sich nun das 20. Jahrhundert seinem Ende entgegen, und wenn man bedenkt, daß die Vereinigten Staaten von Amerika seit nunmehr über drei Jahrhunderten Mitglied der Völkergemeinschaft sind, kann man mit großer Wahrscheinlichkeit davon ausgehen, daß diese aus 50 Staaten bestehende Nation weiterhin Bestand haben wird. Vom Zeitpunkt ihrer Gründung bis zum heutigen Tag hat sie die Wirren und Widrigkeiten von Börsenzusammenbrüchen, Wirtschaftskrisen, eines Bürgerkrieges, der vorübergehend das Land teilte, zweier Weltkriege und anderer Militärkonflikte, selbst von Korruption und Vergehen höchster Amtspersonen überdauert.

Was mit zwei kleinen Siedlungen zu Beginn des 17. Jahrhunderts anfing – Jamestown im Süden und Plymouth im Norden – wurde schließlich mit einer Landfläche von 9,5 Millionen Quadratkilometern zur viertgrößten Nation der Welt, nach der UdSSR, Kanada und China. Und aus jenen ersten kleinen Gruppen von Kolonisten und den dann folgenden Wellen von Einwanderern verschiedenster ethnischer und rassischer Herkunft bildete sich eine Bevölkerung, die heute auf etwa 248 Millionen geschätzt wird und nach China, Indien und den UdSSR an vierter Stelle rangiert.

83% der Bevölkerung sind Weiße, fast 12% sind Schwarze, und die anderen vertretenen Rassen teilen sich auf die restlichen Prozente auf. 65% der Bevölkerung sind protestantischen Glaubensrichtungen zuzuordnen, 25% sind katholisch, 3% jüdisch, und der Rest gehört anderen oder keinen Religionen an. Die allgemeine Lebenserwartung beträgt 74 Jahre, was eine Zunahme von 15 Jahren gegenüber der Volkszählung von 1930 bedeutet. Das Pro-Kopf-Einkommen beträgt 11 596 Dollar.

Amerika zeichnet sich durch hohe Mobilität aus und verfügt über 6,3 Millionen Kilometer ausgebauter Straßen für 159 Millionen Straßenfahrzeuge, wovon 123 Millionen Personenwagen sind. In den USA finden sich vier der fünf verkehrsreichsten Flughäfen der Welt, berechnet nach der jährlichen Anzahl von Fluggästen. Chicagos Flughafen O'Hare ist der größte, gefolgt von Atlanta International, Los Angeles International, Londons Heathrow und New Yorks John F. Kennedy.

Die Vereinigten Staaten haben sich nicht nur von der Fläche her ausgedehnt, sondern sozusagen auch in die Höhe, denn die fünf höchsten Gebäude der Welt stehen in amerikanischen Städten. Angefangen mit dem höchsten, sind dies der Sears Tower in Chicago, das World Trade Center in New York, das Empire State Building in New York, das Standard Oil of Indiana Building und das John Hancock Building, beide in Chicago.

Aber wie sieht Amerika wirklich aus? Um Amerika richtig kennenlernen zu können, sollte man etwas über die Regionen wissen, die in den vergangenen 200 Jahren zusammenwuchsen, um zu diesem großen Land zu werden.

Die Neuengland-Staaten

Neuengland, ein Gebiet mit einer Fläche von 172 500 Quadratkilometern, grenzt im Norden an Kanada, zum Osten hin an den Atlantik, zum Süden an den Long Island Sound und zum Westen an den Staat New York. Innerhalb dieser Grenzen liegen sechs Staaten: Massachusetts, Connecticut, Rhode Island, Vermont, New Hampshire und Maine.

Charakteristisch für die topographische Beschaffenheit dieses Gebiets sind das flache Küstengebiet, verschiedene Bergketten und fruchtbare Flußtäler. Außerdem verlaufen zwei steinige Hochlandregionen einmal in nördlicher und einmal in südlicher Richtung und verwehren so Neuengland eine natürliche Land- oder Wasserverbindung in Richtung Westen.

Diese ungewöhnliche Lage wurde für Neuengland zum Vorteil, denn dieses Gebiet ist aus geographischer, historischer und kultureller Sicht die homogenste Region im gesamten Land. Sie behinderte die Auswanderung von Siedlern in den Westen, die oft auch Versprengung und Verlust der Bindung an ein gemeinsames Kulturerbe bedeutete. Kolonisten, die von den ursprünglichen Siedlungen in Massachusetts aus weiter in das Land vorstießen, folgten der natürlichen Nord-Süd-Linie. Die geographische Nähe zueinander vereinfachte die Verbindungen und Kontakte untereinander und sicherte so auch den Erhalt gemeinsamer Sitten und Gebräuche.

Kapitän John Smith, der schon bei der Besiedlung von Jamestown Erfahrungen gesammelt hatte, benannte dieses Gebiet, das er im Jahre 1614 erkundet hatte. Neuengland gilt als eine Region, deren rauhes Land und lange, harte Wintermonate weniger entschlossene Kolonisten als die Pilgrims und die Puritaner zur Aufgabe gezwungen haben mochten. Aber diese Menschen hatten ihr Leben riskiert, um die gefährliche Reise in die Neue Welt zu überstehen, und kein Hindernis wäre groß genug gewesen, um ihnen die Chance, eine neue Existenz nach ihren eigenen Wünschen aufzubauen, zu verwehren. Diese Einstellung ist seither Bestandteil des Lebens der Menschen von Neuengland geblieben.

Obwohl sonst eher von konservativer Gesinnung, gehörten die Neuengländer zu den ersten und vehementesten Verfechtern der Unabhängigkeit von England. Sie waren es auch, die diesen Konflikt mit der Boston Tea Party, die erste bewaffnete Auseinandersetzung mit englischen Truppen bei Lexington und Concord, und mit der Schlacht von Bunker Hill (Juni 1775) zum Ausbruch brachten.

Außer ihrer überzeugten Vorliebe für Unabhängigkeit und Freiheit genießen die Neuengländer den Ruf, selbstbewußt, sparsam und konservativ – vor allem in Sachen Politik – zu sein. Ihre Liebe und ihr Respekt für ihr historisches Erbe spiegelt sich in der Sorgfalt wider, mit der sie die schlichte Einfachheit und Schönheit ihrer Häuser und Ortschaften bewahren, von denen noch viele seit der Zeit der Revolution unverändert geblieben sind.

Die Staaten der Mittelatlantik-Küste

Von allen Gebietsgruppen in den Vereinigten Staaten zählt die Mittelatlantik-Küstenregion die wenigsten Einzelstaaten, hat jedoch den größten Einfluß auf die wirtschaftlichen, finanziellen und kulturellen Angelegenheiten des Landes.

Die Staaten der Mittelatlantik-Küste sind New York, New Jersey und Pennsylvania, Zusammen verfügen sie über eine Gesamtfläche von 266 000 Quadratkilometern. Zum Osten hin werden sie von Neuengland und dem Atlantik begrenzt, zum Süden hin von den Südstaaten, zum Westen von den Staaten des Mittleren Westens und zum Norden von den Großen Seen und Kanada. Die geographische Beschaffenheit des Gebietes reicht von einem breiten Küstenflachland am Atlantik bis hin zu fruchtbaren Tälern und Hügellandschaften und der rauhen Schönheit der Adirondack Mountains im Staat New York. Es verfügt auch über große Rohstoffvorräte in Form von reichen Mineralienablagerungen, ausgedehnten Waldgebieten, äußerst ertragreichem Ackerland und ausgezeichneten Wasserressourcen.

Etwa 37 Millionen Menschen, fast jeder sechste Amerikaner, wohnen in diesem Gebiet, von denen ungefähr drei Viertel in den Städten und deren Vororten leben. Diese Menschen bzw. ihre Vorfahren stammen aus über 60 verschiedenen Ländern.

Handel, Industrie und Landwirtschaft haben seit der Zeit, als die Holländer New Netherland gründeten, später von den Engländern umbenannt in New York, entscheidend zur Entwicklung dieser Region beigetragen. Heute hat New York einen der wichtigsten Häfen der Welt. Es ist ein Handels- und Finanzzentrum und zugleich eine der führenden Medien- und Kulturmetropolen.

Während des Revolutionskrieges war diese Region der Schlüssel zum militärischen Erfolg der Amerikaner, denn viele der wichtigsten Schlachten der Kontinentalarmee wurden auf dem Gebiet dieser drei Staaten geschlagen. Die Stadt Philadelphia war der Sitz der rebellierenden Kolonialregierung und auch der Geburtsort der Unabhängigkeitserklärung.

Die Südstaaten

Mit einer Gesamtfläche von etwa 1,5 Millionen Quadratkilometern, oder einem Sechstel des Landes, vervollständigen die Südstaaten das Bild der Ostküste. Sie reichen weit in westliche Richtung bis zu den Grenzgebieten von Texas und Oklahoma. Zu dieser Region gehören 14 Staaten, die wiederum in zwei Gruppen aufgeteilt sind. Delaware, Kentucky, Maryland und West Virginia werden „Grenzstaaten" genannt, da sie zwischen dem Norden und jenem Gebiet liegen, das als der „Tiefe Süden" bekannt ist. Letzteres Gebiet besteht aus den Staaten Alabama, Arkansas, Florida, Georgia, Louisiana, Mississippi, North Carolina, South Carolina, Tennessee und Virginia.

Die Topographie der Südstaaten läßt sich in fünf Regionen aufteilen, die mit den Stränden und Marschgebieten der Küstenebene beginnen, die sich von Delaware entlang der Atlantikküste bis nach Louisiana am Golf von Mexiko hinzieht. Es folgt das Piedmont, eine Region niedriger Hügel und Hochlandebenen, die sich von Delaware aus bis hinunter nach Alabama erstrecken und deren reichliche Wasserkraftressourcen für Stromerzeugung genutzt werden. Viele der Industriebetriebe und fast die Hälfte der Bevölkerung des Südens sind in dieser Region angesiedelt, die als Piedmont Industrial Crescent (nach der Form einer Halbmondsichel so benannt) bekannt ist.

Westlich des Piedmont liegen die Blue Ridge Mountains, die von Maryland bis zum nördlichen Georgia reichen. Es folgt die Appalachian Ridge and Valley-Region, die ebenfalls in Maryland beginnt und durch den Staat Alabama verläuft. Das Eisenerz und andere Rohstoffvorkommen dieses Gebiets haben die Stadt Birmingham in Alabama zu einem der wichtigsten Eisen- und Stahlzentren des Landes gemacht.

Die fünfte Region, das Appalachian Plateau, erstreckt sich über Maryland, West Virginia, Virginia, Tennessee und Georgia. Dieses rauhe, felsige Land verfügt über wichtige Mineralienablagerungen, vor allem weiche Steinkohle.

Der einst völlig von der Landwirtschaft (Baumwolle, Tabak, Reis) abhängige Süden erwirtschaftet jetzt den Großteil seiner Einkünfte aus Fertigungsindustrien, hauptsächlich Chemiebetriebe, Textil- und Möbelfabriken, holzverarbeitende Industrie mit Zellstoff- und Papierproduktion und Nahrungsmittelherstellung.

Mit über einer Million Farmbetrieben (etwa ein Drittel der Gesamtanzahl in den USA) spielt die Landwirtschaft aber nach wie vor eine wichtige Rolle in der Wirtschaft des Südens. Der Baumwollanbau ist die Haupteinnahmequelle, gefolgt von Tabak, Erdnüssen, Reis, Kartoffeln, Wassermelonen, Tomaten, Pfirsichen und Sojabohnen.

Florida ist ein führender Erzeuger von Zitrusfrüchten, und Louisiana rangiert mit seiner Zuckerindustrie knapp hinter Hawaii und Kalifornien.

Im Süden, vor allem in West Virginia, werden seit vielen Jahren die wertvollen Kohlevorkommen abgebaut. In späteren Jahren begann dann auch die Ausbeutung der Gas- und Ölvorkommen vor der Küste Louisianas im Golf von Mexiko.

Die Staaten des Mittleren Westens

Das Gebiet der Staaten des Mittleren Westens reicht von den Appalachian Mountains im Osten bis zu den Rocky Mountains im Westen und umfaßt eine der reichsten Landwirtschaftsregionen der Welt, pro Hektar gerechnet möglicherweise die ertragreichsten überhaupt. Es erstreckt sich nördlich bis hin nach Kanada und südlich bis zur nördlichen Grenze von Arkansas. Zwölf Staaten mit einer Gesamtfläche von 2 Millionen Quadratkilometern (nahezu ein Fünftel des Landes) bilden den Mittelteil der Vereinigten Staaten. Sie sind die Hauptlieferanten von Nahrungsmitteln für dieses Land und auch für weite Teile der restlichen Welt.

Fruchtbarer Boden, ein relativ mildes Klima im Großteil der Region und eine Landoberfläche, die während der Eiszeit weitgehend durch Gletscherwanderungen geebnet wurde, haben fast das gesamte Land für die Landwirtschaft oder als Weideflächen prädestiniert.

Zudem ist der Mittlere Westen noch mit reichhaltigen Mineralienvorkommen gesegnet: Eisenerz in Minnesota, Gold in South Dakota, Salz in Michigan, Kalkstein in Indiana und Blei in Missouri. Die Rohstoffvorkommen und der leichte Zugang durch ein ausgezeichnetes Wasserstraßensystem haben es den Menschen des Mittleren Westens ermöglicht, auch Industrie aufzubauen und deren Produkte im ganzen Land und in der gesamten Welt absetzen zu können. Der St. Lawrence Seaway öffnet für Seeschiffe die Route vom Atlantik zu den Großen Seen, und die Schiffe der Großen Seen können dank der verschiedenen Wasserverbindungen zum Mississippi den Golf von Mexiko erreichen.

Etwa 59 Millionen Menschen, ungefähr ein Viertel der Bevölkerung der USA, leben im Mittleren Westen und produzieren mehr Nahrungsmittel, Eisen und Stahl, Landwirtschaftsmaschinen und Geräte, Transportmittel, Papier, Gummi und Metallprodukte als jeder andere Teil des Landes.

Das Klima variiert von den nördlichen Staaten, wo die Winter lang und kalt mit anhaltendem Schneefall und die Sommer kurz sind, hin zu den südlicheren Gebieten, wo die Temperaturen und die Länge der Jahreszeiten genau umgekehrt sind.

Die Staaten des Südwestens

Kein anderer Teil der Vereinigten Staaten ist so populär und romantisch verklärt worden wie der Südwesten. Menschen in der ganzen Welt kennen den Südwesten als Schauplatz von Hollywood-Epen mit riesigen Viehherden, endlosen Panoramen, verherrlichtem Ranchleben und dem uramerikanischem Volkshelden, dem Cowboy, personifiziert durch John Wayne und Gary Cooper, die einsam in den Sonnenuntergang reiten. Einiges davon entspricht natürlich der Realität, aber der Südwesten hat weitaus mehr zu bieten als nur Vieh, Cowboys und Landschaft.

Der Südwesten besteht aus vier Staaten: Arizona, New Mexico, Oklahoma und Texas. Die Gesamtfläche von 1,5 Millionen Quadratkilometern macht etwa ein Sechstel der USA aus und die Bevölkerung von 21 Millionen stellt ungefähr ein Elftel der Gesamteinwohnerzahl des Landes dar.

Das Gebiet erstreckt sich von den westlichen Grenzen von Arkansas und Louisiana bis zu den südöstlichen Grenzen von Nevada und Kalifornien. Mexiko liegt im Süden, und die südlichen Grenzen von Kansas, Colorado und Utah liegen im Norden.

Auf vielfache Weise ist der Südwesten ein Land der Kontraste. Zum Beispiel ist Santa Fe in New Mexico, das bis in das Jahr 1610 zurückgeht, der älteste Sitz einer Regierung in den Vereinigten Staaten, während nicht allzu viele Meilen entfernt in Los Alamos das Atomforschungszentrum der USA liegt. Hochfliegende Düsenflugzeuge ziehen ihre Kondensstreifen durch den Himmel, während unter ihnen amerikanische Indianer noch immer Kunsthandwerk und Landwirtschaft mit den Techniken und Methoden ausüben, die schon ihre Vorfahren vor Hunderten von Jahren anwendeten.

Das Klima des Südwestens ist im allgemeinen warm und trocken, was auch die Entwicklung von Phoenix, Tucson und vielen anderen Orten als Überwinterungsorte erklärt. Der jährliche Niederschlagsdurchschnitt liegt bei 13 Zentimetern im Südwesten Arizonas bis zu 127 Zentimetern im südöstlichen Texas. Der jährliche Schneefall kann im zentralnördlichen Gebirge von New Mexico bei bis zu einem halben Meter liegen, liegt aber nur bei 2,5 Zentimetern im südlichen Texas und Arizona.

Viehzucht, Baumwolle, Südfrüchte, Rohöl und Kupfer bilden die wirtschaftliche Grundlage dieser Region. Der Tourismus hat ebenfalls an Bedeutung gewonnen, und viele Besucher kommen aus dem gesamten Land wegen des günstigen Klimas hierher, aber natürlich auch, um den Grand Canyon, den Petrified Forest (den „Versteinerten Wald") und die Höhlen von Carlsbad zu besuchen.

Die Rocky Mountain-Staaten

Wie ein gewaltiges Rückgrat aus zerklüftetem, schneebedecktem Fels ziehen sich die Rocky Mountains von Montana an der kanadischen Grenze bis hinunter nach New Mexico hin und bieten in ihrer Gesamtheit überraschende und völlig gegensätzliche Landschaften. Die 1,6 Millionen Quadratkilometer Fläche der sechs Rocky Mountain-Staaten (Arizona und New Mexico werden manchmal zu dieser Gruppe gezählt, gelten aber meist als Südweststaaten, als welche sie auch hier behandelt werden) stellt über ein Fünftel der Vereinigten Staaten dar. Jedoch leben in dieser Region weniger Menschen als im Staat New Jersey, der von der Größe her an 46. Stelle liegt.

Im Osten wird dieses Gebiet von den Staaten des Mittleren Westens begrenzt, im Süden von den Südweststaaten, den Staaten der Pazifikküste im Westen und Kanada im Norden. Zur Topographie gehören 1000 Gipfel der Colorado Rockies, die alle über 3000 Meter hoch sind, wozu auch der berühmte Pike's Peak zählt. Es gibt aber auch die Große Salzwüste im westlichen Utah, die mit ihrer Fläche von über 10 000 Quadratkilometern zu den trockensten Gebieten im Land gehört, und die Wüste von Death Valley im südwestlichen Nevada, die 86 Meter unter Meereshöhe liegt.

Obwohl Landwirtschaft, Bergbau und Holzindustrie die Wirtschaft dieser Region bestimmen, sind viele Teile davon noch urtümliche Wildnisregionen, wo die Bevölkerungsdichte manchmal weniger als eine Person pro Quadratkilometer beträgt. Dadurch sind hier einige der schönsten Landschaftsgebiete voller Naturwunder erhalten geblieben. Der Yellowstone National Park, wie auch die Zion, Bryce und Hell's Canyon Parks, bieten jährlich Tausenden von Besuchern einige der atemberaubendsten Landschaften der Welt. Yellowstone, der erste Nationalpark der USA, wurde im Jahre 1872 unter Schutz gestellt.

Die Rocky Mountain-Region ist reich an Holz und Mineralien wie Gold, Silber, Kupfer, Blei, Zink und Uran. Es war die Verlockung der Edelmetalle, die die Mineraliensucher in die Rockies führten und das Gebiet für Besiedelung attraktiv machten. Heute ist die Viehzucht wichtiger als Bergbau und Holzindustrie, und große Herden von Rindern und Schafen grasen auf den endlosen Weiden von Montana und Wyoming und machen letzteren Staat zum zweitgrößten Produzenten von Wolle und Schafen nach Texas.

Die natürliche Schönheit ihrer Lage und reichlich Schneefall im Winter haben Orte wie Aspen und Vail in Colorado und Sun Valley in Idaho zu weltberühmten Wintersportzentren gemacht.

Die Staaten der Pazifikküste

Der Versuch, die Staaten der Pazifikküste zu beschreiben, ist vor allem seit dem Jahr 1959, als Alaska und Hawaii hinzukamen, eine Übung in Superlativen geworden.

Die Gesamtfläche von Kalifornien, Oregon, Washington und der 49. und 50. Staaten beträgt 2,4 Millionen Quadratkilometer oder etwa ein Viertel der Vereinigten Staaten. Die Gesamtbevölkerungszahl von 32 Millionen bedeutet, daß von etwa sieben Amerikanern jeweils einer in diesen Staaten lebt.

Alaska, der nördlichste Staat, steht von der Größe her an erster Stelle. Er ist fast ein Fünftel so groß wie die restlichen Vereinigten Staaten, hat aber die geringste Bevölkerungszahl. Hawaii ist der südlichst gelegene Staat.

Kalifornien hat die größte Bevölkerungszahl und ist der drittgrößte Staat. Alaskas Mt. McKinley ist mit 6193 Metern der höchste Gipfel der Vereinigten Staaten, und das Death Valley, das sich an der Grenze zwischen Kalifornien und Nevada hinzieht, ist der niedrigste Punkt Nordamerikas.

Alaska hat die längsten Tage zu bieten, mit bis zu 20 Stunden im Sommer, was übrigens die dort angebauten Früchte und Gemüsesorten zu gewaltigen Größen gedeihen läßt. Der Staat weist die größten Temperaturunterschiede auf, von minus 25 Grad bis zu 38 Grad im Verlauf eines Jahres.

Die drei zusammenhängenden Staaten bilden das größte Obstanbaugebiet Nordamerikas. Sie produzieren neun Zehntel der Birnen, ein Viertel der Äpfel, die Hälfte der Pfirsiche und ein Viertel der Kirschen. Der Großteil der im Land geernteten Pflaumen, Weintrauben, Oliven, Zitronen, Haselnüsse, Aprikosen, Walnüsse und Hopfen kommt aus dieser Region. An der Pazifikküste steht auch über die Hälfte des Nutzwaldes des gesamten Landes.

San Pedro in Kalifornien ist der führende Fischereihafen der USA, und vom Volumen und Wert an Fischprodukten her gesehen ist der Staat führend. Kalifornien ist auch einer der führenden Lieferanten von Öl und Erdgas und verfügt über einen hohen Prozentanteil der Ölreserven des Landes.

Die meisten Flugzeuge für die kommerziellen Fluggesellschaften der Welt werden entweder in Washington oder in Kalifornien gebaut, und einige der größten Werften des Landes sind an der Pazifikküste angesiedelt.

Nicht minder wichtig ist, daß sich dank des milden Klimas und der schönen und abwechslungsreichen Landschaft des südlichen Kaliforniens dort das Zentrum der Filmindustrie entwickelt hat.

Das ist die Geschichte der Vereinigten Staaten von Amerika. Fünfzig Staaten, jeder davon für sich eine eigenständige Region von individuellem Charakter; doch sie alle verbindet aufs engste ein Traum, ein gemeinsames Ziel: den Menschen ein Leben in Würde, mit Freiheit und Gerechtigkeit für alle zu garantieren.

Im Redwood National Park, Kalifornien

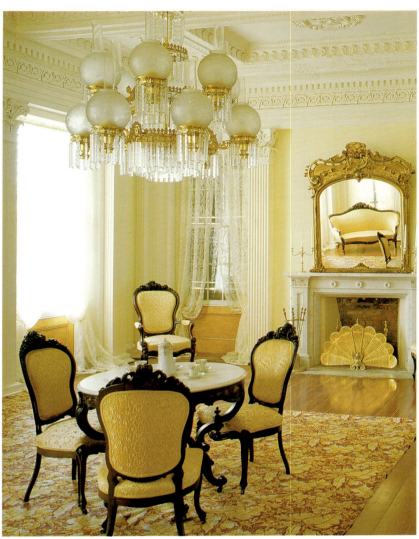

Oben: Im Haus Gaineswood in Demopolis

Unten: In Sturdivant Hall in Selma

Links: Haus LeRoy Pope in Huntsville   Oben: Oakleigh in Mobile   Unten: Haus Gorgas in Tuscaloosa

Oben: In Bluff Hall in Demopolis   Unten: Im Richards-DAR House in Mobile

Oben: Bluff Hall in Demopolis

Unten: In Bluff Hall in Demopolis

Unten und oben: Richards-DAR House in Mobile

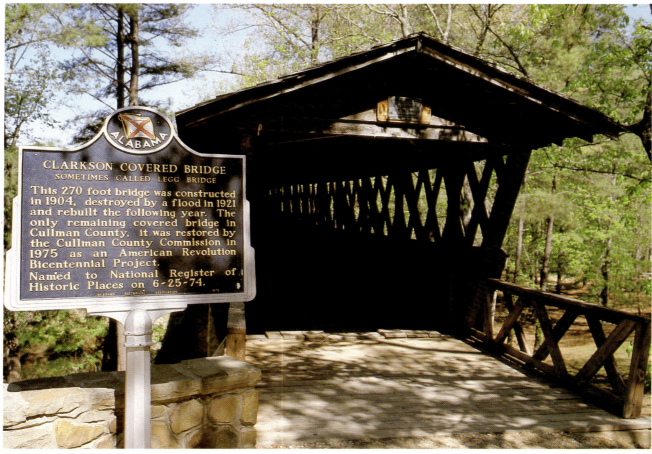

Oben: Die gedeckte Clarkson-Brücke im Cullman County

Unten: Der Rock Bridge Canyon

Oben: Die Natural Bridge of Alabama bei Haleyville

Oben: Die gedeckte Swann-Joy-Brücke in Cleveland

Unten: Im Rock Bridge Canyon

Unten: Im DeSoto Falls State Park

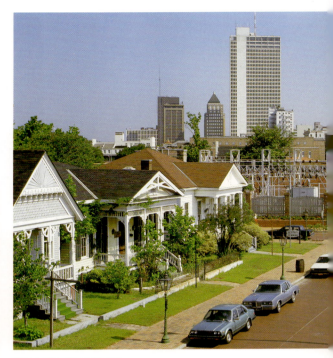

Oben: Die Stadt Mobile

Oben: Haus Gaineswood in Demopolis

Unten: Das Staatskapitol in Montgomery

Oben: Auf dem Gipfel des Cheaha Mountain

Unten: Im den Gärten von Haus Bellingrath bei Theodore

Oben: Das Staatskapitol in Montgomery

Unten: Holzhaus im historischen Old North Hull District in Montgomery

Oben: Stadthaus im historischen Old North Hull District in Montgomery

Unten: Das Stadtzentrum von Mobile

Unten: Sturdivant Hall in Selma

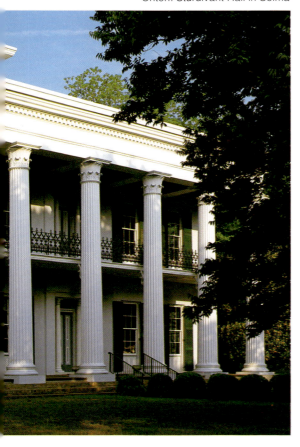

Oben: Karibus

Unten: Robben im Glacier Bay National Park

Der Mendenhall-Gletscher

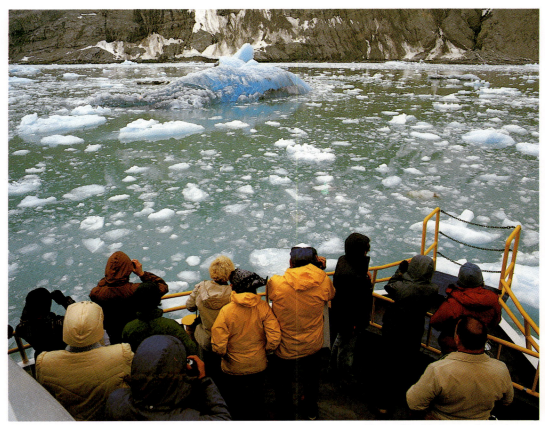

Oben: Touristen im Glacier Bay National Park

Unten: Die 4th Avenue in Anchorage

Oben: Auf Goldsuche bei Fairbanks

Unten: Fischer im Hafen von Homer

Unten: Satelliten-Empfangsstation bei Gilmore Creek

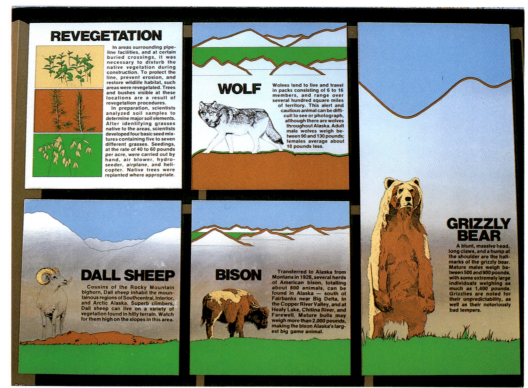

Oben: Der Cathedral Park in Juneau

Oben: Schautafel für Alaskas Flora und Fauna

Unten: Ein Toklat-Grizzly im Denali National Park

Oben: Die Stadt Juneau

Unten: Indianer-Friedhof bei Eklutna

Unten: Ein alter Goldschürfbagger bei Fairbanks

Eine Schlucht in der Nähe von Valdez

Oben: Ein Gletscher im Harding Eisfeld auf der Kenai-Halbinsel

Unten: Der Nenana River im Denali National Park

Oben: Freizeitboote in Auke Bay

Unten: Wasserflugzeuge auf Lake Hood

Der Bootshafen von Seward

Oben: Der Bright Angel Canyon im Grand Canyon

Unten: Der Grand Canyon bei Sonnenuntergang

Der Grand Canyon westlich von Crystal Rapids

Oben: In Painted Desert

Unten: Das Tonto National Monument, Ruinen einer Felsensiedlung

Felsklippen im Grand Canyon

Oben: Der Canyon de Chelly

Unten: Die Mitten Buttes im Monument Valley

Im Oak Creek Canyon

Oben: Das Staatskapitol in Phoenix

Unten: Straßenszene in Tombstone

Die Felsenfestung Montezuma Castle

Oben: Haus Bonneville in Fort Smith

Unten: Estevan Hall in Helena

Unten: Das Staatskapitol in Little Rock

Oben: Das Horace Franklin Rogers House in Fort Smith

Unten: Eine Scheune bei Berryville

Unten: Prairie Grove Battlefield State Park

Oben: Buffalo National River bei Harrison

Unten: Weideland bei Berryville

Der Hanging Rock im Sequoia National Park

Oben: Am Point Lobos

Unten: Im Death Valley

Oben: Blick vom Klamath Overlook

Unten: Redwood National Park

Riesenbäume im Ladybird Johnson Grove des Redwood National Park

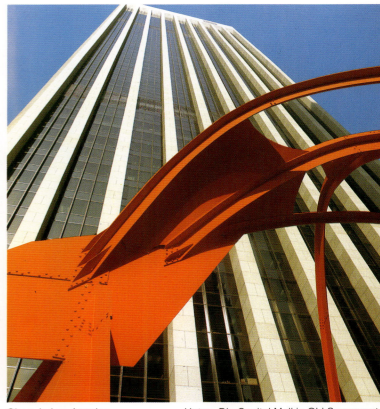

Oben: Das J. Paul Getty-Museum   Unten: Der Golfplatz von Pebble Beach auf der Monterey-Halbinsel

Oben: In Los Angeles   Unten: Die Capitol Mall in Old Sacramento

Unten: Die Broad Street in Nevada City

Unten: In der Chinatown von Los Angeles

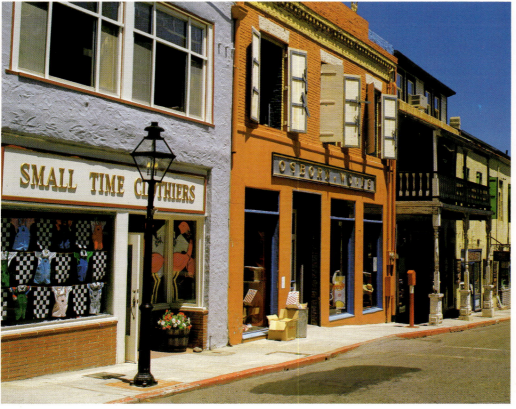

Oben: Mount Shasta
Unten: Das Fisherman's Village-Viertel von Marina del Rey

Unten: Die Grant Avenue in der Chinatown von San Francisco

Oben: Die Lombard Street in San Francisco
Unten: Das Christian Brothers-Weingut bei St. Helena

Palmen in Santa Monica

Oben: Die San Francisco-Oakland Bay-Brücke überspannt die Bucht von San Francisco

Oben: Die Bumpass-Hölle im Lassen Volcanic National Park

Unten: Im D.L. Bliss State Park am Lake Tahoe

Die Vernal-Wasserfälle im Yosemite National Park

„General Grant" wird dieser Baumriese im King's Canyon National Park genannt

Oben: Im Anza-Borrego State Park

Unten: Felsküste der Monterey-Halbinsel

Wälder im Gebiet von Independence Pass

Oben: Der Crystal Creek im Gunnison National Forest

Unten: Die Sawatch-Bergkette und die Twin Lakes am Independence Pass

Oben: Das Zentrum von Denver

Unten: Das Museum für Naturgeschichte in Denver

Unten: Das Staatskapitol in Denver

Unten: Das City and County Building in Denver

Unten: Im Civic Center Park von Denver

Oben: Im Zentrum von Denver

Unten: Arts Center Mall in Denver

Maroon Lake

Oben: Die Deadhorse-Mühle bei Crystal River

Unten: Sanddünen des Great Sand Dunes National Monument

Oben: Rocky Mountain-Panorama vom Vail Mountain aus gesehen

Unten: Im Steamboat-Skigebiet in den Rocky Mountains

Blick auf das alte Bergwerksstädtchen Telluride

Oben: Der Museumshafen Mystic Seaport

Unten: Am Strand von Madison

Das Staatskapitol in Hartford

Oben: Im Captain Cove's Marina in Bridgeport

Oben: Im Hafen von Bridgeport

Oben: Kirche in Norfolk   Unten: Mystic River   Rechts: Segelschiff im Mystic Seaport Museum

Oben: Die Congregational Church in Litchfield   Unten: Am Strand von Madison

Oben: Segelschiff im Mystic Seaport Museum   Unten: Eine gedeckte Brücke bei West Cornwall

Unten: Das Noah Webster House in West Hartford

Oben: Das Davenport College der Yale-Universität in New Haven   Unten: Alumni House und Pierson College, Yale   Unten: Alumni House, Yale

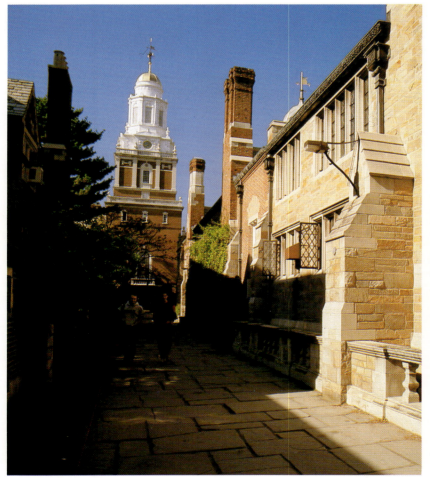

Oben: Die Sterling Memorial-Bibliothek, Yale

Unten: Alumni House und Pierson College, Yale

Unten: Silliman Campus, Yale

Eine Farm bei Farmington

Oben: Das Townsend Building in Dover

Unten: Das Staatskapitol in Dover

Oben: Das Kapitol der Vereinigten Staaten von Amerika in Washington, D.C.

Unten: Hirshhorn Museum und Skulptur-Garten in Washington, D.C.

Das Weiße Haus in Washington, D.C.

Oben und unten: Parkanlagen an der Mall in Washington, D.C.

Oben: Das Nationale Besucherzentrum in Washington, D.C.

Unten: Die Washington Cathedral

Oben: Smithsonian Institution, Nationalmuseum für Technik und Naturwissenschaften

Oben: Die Kongreßbibliothek

Oben: Arlington House, das Robert E. Lee Memorial und das Grab von Robert F. Kennedy

Unten: Mount Vernon

Unten: Ein Yachthafen in Washington, D.C.

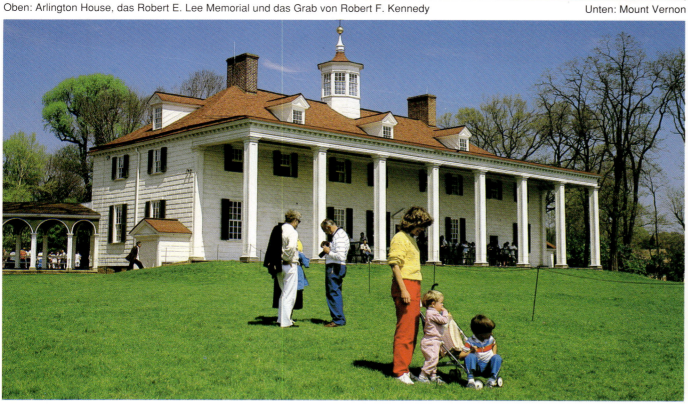

Oben: Das Nationale Luftfahrt- und Weltraum-Museum

Unten: Wisconsin Avenue im Stadtteil Georgetown

Oben: Ostgebäude der Nationalen Kunstgalerie

Unten: Kongreßbibliothek

Oben: Das Washington Monument

Unten: George Washington Masonic National Memorial

Oben: Auf dem Nationalfriedhof Arlington

Unten: Kennedy Center für Darstellende Künste

Mitte links: Das Watergate-Gebäude

Unten: Am Chesapeake and Ohio Canal

Oben: Hirshhorn Museum und Skulpturgarten

Unten: Das Jefferson Memorial in Washington, D.C.

Oben und unten: Das Mahnmal für die Soldaten des Vietnamkriegs

Unten: Das FBI-Gebäude in Washington, D.C.

Unten: Nationale Gravier- und Druckanstalt in Washington, D.C.

Oben: Yachthafen von Miami

Unten: In Cypress Gardens bei Winter Haven

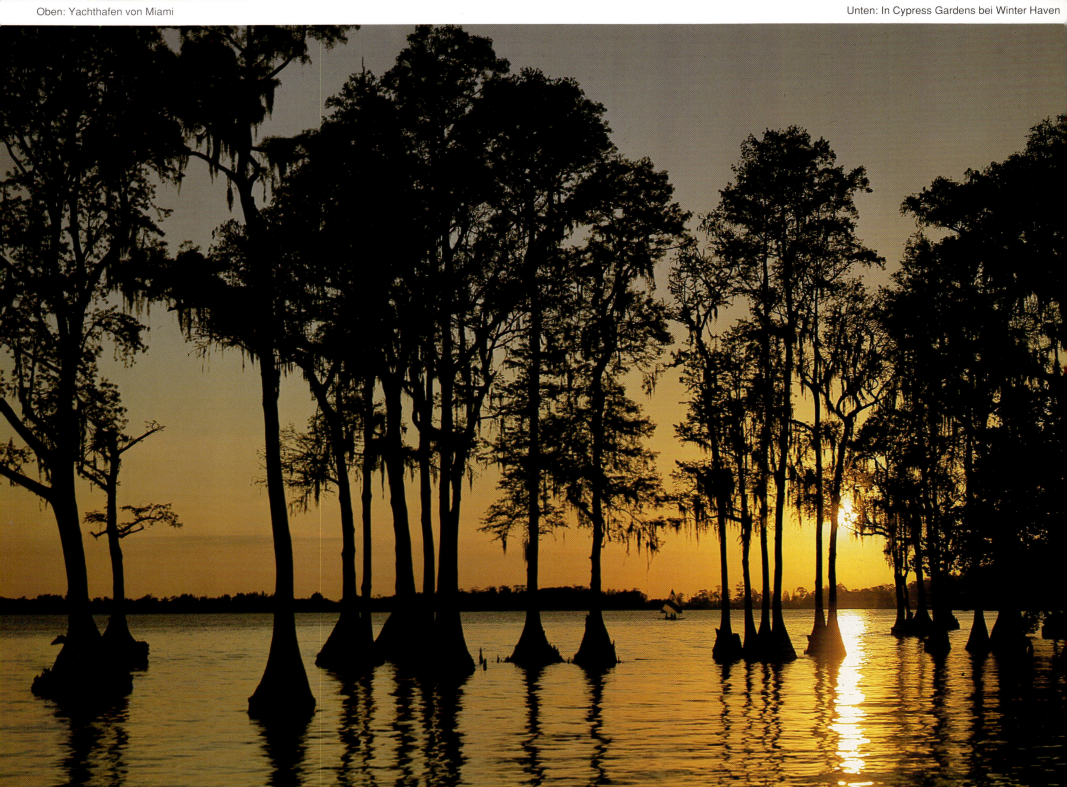

Im Zentrum von Jacksonville

Oben: Mickey Mouse in Walt Disney World

Oben: Chinesischer Turm in Walt Disney World

Oben: Dinosaurier in Walt Disney World

Oben: Die Main Street in Walt Disney World

Unten: Das Contemporary Resort Hotel, Walt Disney World

Unten: „Reise in die Imagination" in Walt Disney World

Oben: Zwei der Sieben Zwerge in Walt Disney World

Oben: China im Weltpark der Walt Disney World

Unten: Amerikanische Geschichte in Walt Disney World

Oben: Der „Raumschiff-Erde" Pavillon

Unten: Main Street USA und Cinderella Castle in Walt Disney World

Oben: Blick auf Miami Beach

Unten: Daytona Beach

Ein Golfplatz in Miami Beach

Oben: Das Zentrum von Atlanta

Unten: Grabmal von Martin Luther King in Atlanta

Das Staatskapitol in Atlanta

Oben: Am Strand in der Nähe von Savannah

Unten: Im Fort McAllister

Der Stone Mountain

Oben: Gedenkrelief am Stone Mountain

Unten: Ein Haus in St. Mary's

Unten: Im Battlefield Park

Oben: Im Okefenokee State Park

Unten: Das Andrew Low House in Savannah

Oben: Gouverneurspalast in Atlanta   Unten: Eine Kirche in St. Mary's

Oben: Im Providence Canyon State Park   Unten: Die Universität von Atlanta

Unten: Am Strand von St. Simon's Island

Unten: In Fort McAllister

Oben: Kailua Harbor auf der Insel Hawaii

Unten: Das Kalalua Valley

Die Westküste von Maui bei Sonnenuntergang

Waikiki und Diamond Head auf der Insel Oahu

Oben: Der Strand von Waikiki auf Oahu

Unten: Im Park des Mauna Lani Bay Hotel auf der Insel Hawaii

Oben: Die Hamakua-Küste der Insel Hawaii

In den Koolau-Bergen

City of Refuge auf der Insel Hawaii

Oben: Die Farngrotte bei Wailua auf Kauai

Unten: Das Zentrum von Honolulu auf Oahu

Das Staatskapitol in Boise

Oben: Farmland südwestlich von Boise

Unten: In den Bergen nördlich von Boise

Der Burnham Park-Yachthafen in Chicago

Oben: Das Zentrum von Chicago

Unten: North Lake Shore Drive in Chicago

Blick auf North Lake Shore Drive in Chicago

Oben: Die Skulptur „Roter Flamingo" von Alexander Calder im Zentrum von Chicago

Unten: Am Michigan-See

Oben: Das Staatskapitol in Indianapolis

Unten: Die Autorennstrecke Indianapolis Motor Speedway

Das Staatskapitol im Zentrum von Indianapolis

Oben: Die Grand Avenue in Des Moines

Unten: Die Locust Street in Des Moines

Das Staatskapitol in Des Moines

Farmland bei Des Moines

Oben und unten: Farmland im Crawford County

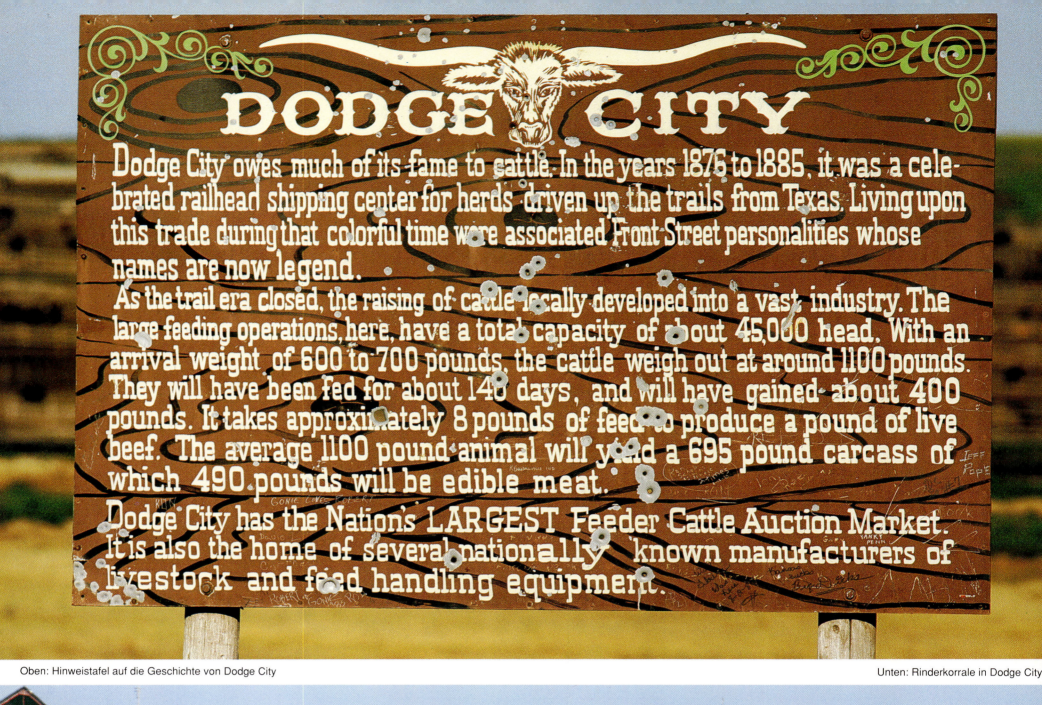

DODGE CITY

Dodge City owes much of its fame to cattle. In the years 1876 to 1885, it was a celebrated railhead shipping center for herds driven up the trails from Texas. Living upon this trade during that colorful time were associated Front Street personalities whose names are now legend.

As the trail era closed, the raising of cattle locally developed into a vast industry. The large feeding operations, here, have a total capacity of about 45,000 head. With an arrival weight of 600 to 700 pounds, the cattle weigh out at around 1100 pounds. They will have been fed for about 140 days, and will have gained about 400 pounds. It takes approximately 8 pounds of feed to produce a pound of live beef. The average 1100 pound animal will yield a 695 pound carcass of which 490 pounds will be edible meat.

Dodge City has the Nation's LARGEST Feeder Cattle Auction Market. It is also the home of several nationally known manufacturers of livestock and feed handling equipment.

Oben: Hinweistafel auf die Geschichte von Dodge City

Unten: Rinderkorrale in Dodge City

Farmland bei Wichita

Farmland bei Wichita

Oben: Die Kalkpyramiden bei den Monument Rocks südlich von Oakley

Unten: Das Staatskapitol in Topeka

Oben: Der Heckraddampfer „Belle of Louisville" auf dem Ohio River

Unten: Tabakanbau westlich von Lexington

Unten: Die Rock Bridge in der Red River-Schlucht

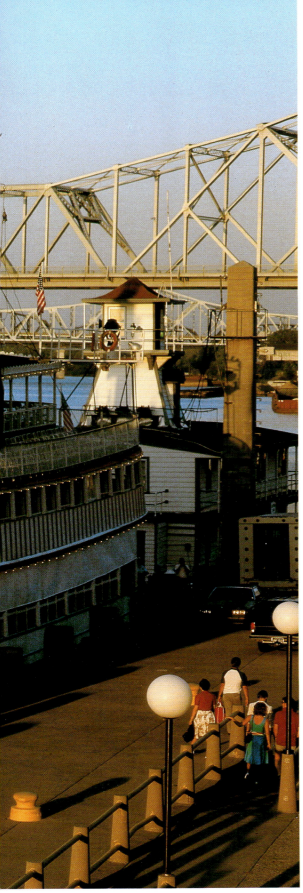

Oben: Das US-Golddepot in Fort Knox

Unten: Denkmal für Zachary Taylor auf dem Nationalfriedhof in Louisville

Oben: Farm bei Danville

Unten: Die Transylvania University in Lexington

Unten: Nachbau des ersten Gerichtsgebäudes in Danville

Oben: Die „Trabrennuhr" im Zentrum von Louisville

Oben: Der Cumberland-Wasserfall

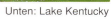Unten: Lake Kentucky

Unten: Pferderennbahn Churchill Downs in Louisville

Unten: Das Old Kentucky-Haus auf Federal Hill in Bardstown

Oben: Die Red Mile-Trabrennbahn in Lexington

Oben: Tabakfarm bei Frankfort

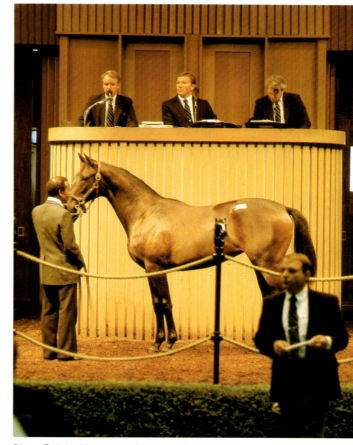

Oben: Bei der Keeneland Pferdeauktion

Unten: Die Almahurst Farm bei Lexington

Oben: Pferde im Bluegrass-Land bei Lexington

Unten: Traber auf der Red Mile-Rennbahn

Oben: Karneval in New Orleans

Unten: Das Zentrum von New Orleans

Das Vieux Carré von New Orleans

Die Oak Alley-Plantage in Vacherie

Ardoyne bei Houma

Oben: Blick auf North Monmouth

Unten: Sonnenaufgang am Mount Cadillac

Der Bass Harbor-Leuchtturm auf Mount Desert Island

Oben: Fischerbootanleger am Pemaquid Point

Oben: Der Ort Boothbay Harbor

Unten: Der Leuchtturm von Pemaquid

Oben: Im Hafen von Boothbay Harbor

Oben: Bootsanleger im Hafen von Friendship

Unten: Port Clyde

Oben: Der Ort Stonington auf Deer Isle

Unten: Sonnenuntergang in Maine

Port Clyde

Oben: Ein See nahe Southwest Harbor auf Mount Desert Island

Felsen an der Südostküste von Mount Desert Island

Oben: Die US-Marine-Akademie in Annapolis

Unten: Im Hafen von Baltimore

Blick auf Annapolis

Oben: Der Innenhafen von Baltimore

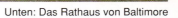

Oben: Die Kuppel des Kapitols in Annapolis   Unten: Das Rathaus von Baltimore

Unten: Ein Haus an der Main Street von St. Michaels

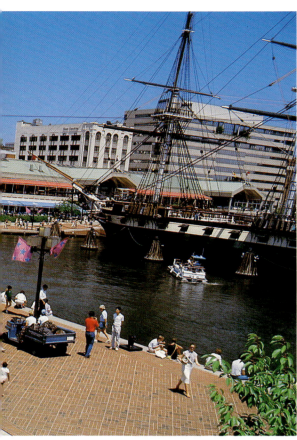

Unten: Sotterly in Hollywood

Unten: Das Benjamin Stevens-Haus in Easton

Oben: Die Charles Street und das Washington Monument in Baltimore

Unten: Das Hammond-Harwood-Haus in Annapolis

Oben: Die Main Street von St. Michaels

Oben: Am Innenhafen in Baltimore

Unten: Annapolis

Unten: Das Power Plant im Innenhafen von Baltimore

Unten: Washington Street in Easton

Unten: Nachbau des Segelschiffs „Dove"

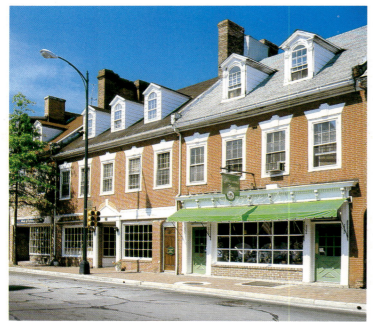

Unten: Im Schiffahrtsmuseum von St. Michaels

Oben: Der Innenhafen von Baltimore

Unten: Annapolis

Unten: Das Paca-Haus in Annapolis

Oben: Im Hafen von Provincetown

Unten: Mill Creek Marsh bei Sandwich

Fischerbootanleger in Massachusetts

Oben: Nauset Beach am Cape Cod

Unten: Provincetown

Die Gayhead Cliffs auf Martha's Vineyard

Das Kapitol in Boston

Oben: Das Longfellow-Haus in Cambridge

Unten: Die North Bridge in Concord

Oben: Sankaty Head-Leuchtturm   Unten: Cape Cod

Oben: Im Old Sturbridge Village   Unten: Hawkes House in Salem

Unten: Straße in Boston

Unten: Pickering Wharf in Salem

Oben: Läden in Rockport   Unten: Eine Scheune im Shaker-Dorf Hancock

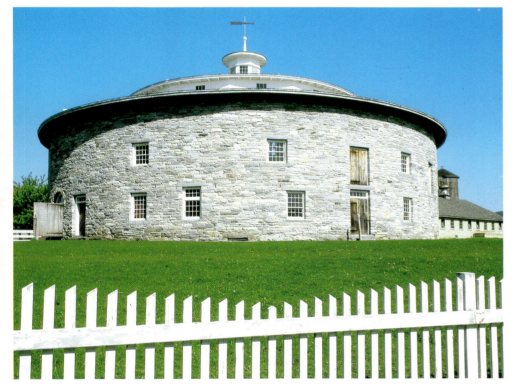

Unten: In Fairhaven

Oben: Die „USS Constitution" in Boston   Unten: Die „Beaver II", Teil des Boston Tea Party Museum

Oben: John Hancock Tower in Boston

Unten: Die Kuppel des Kapitols und die Hochhäuser von Boston

Beacon Hill, das Altstadtviertel von Boston

Oben: Das Renaissance Center in Detroit

Unten: Der Leuchtturm am Point Betsie

Am Upper Herring Lake bei Frankfort

Oben: Sault Ste. Marie am St. Lawrence Seaway

Unten: Die Houghton Hancock-Brücke

Das Renaissance Center in Detroit

Oben: Fort Michilimackinac

Unten: Station der Küstenwache bei Marquette am Lake Superior

Pier und Leuchtturm bei Grand Haven

Stromschnellen im Baptism River

Oben: Der Split Rock-Leuchtturm

Unten: Ein kleiner Fluß bei Split Rock

Oben: Nicolet Mall in Minneapolis   Unten: Gebäude an der 3rd Avenue überragen Government Center Plaza in Minneapolis   Unten: Seventh Place, Einkaufsstraße in Saint Paul

Oben: Das Landmark Center in Saint Paul

Unten: Das Zentrum von Minneapolis

Unten: Die Marquette Avenue in Minneapolis

Der Gooseberry River

Oben: Das Zentrum von Saint Paul

Unten: Leuchtturm bei Grand Marais

Oben: Nicollet Mall in Minneapolis

Unten: Das Minnesota State Office Building in Saint Paul

Oben: Das „Riverplace" Restaurant in Minneapolis

Unten: Das Zentrum von Minneapolis

Oben: Modernes Hochhaus in der Nähe von Peavey Plaza in Minneapolis

Oben: Foshay Tower in Minneapolis

Oben: Orchestra Hall in Minneapolis

Unten: Rathaus und Government Center Plaza in Minneapolis

Oben: Baumwollernte im Coahoma County

Sumpfzypressen im Desoto-See

Im Charles McLaran-Haus am Riverview in Columbus

Oben: Das Glen Auburn-Haus in Natchez

Unten: Haus Longwood in Natchez

Oben: Die Wassermühle im Grand Gulf Military Monument Park

Oben und unten Mitte: Im Vicksburg National Military Park, Gedenkstätte für den Bürgerkrieg

EUGENE ERWIN
COL. 6TH MO. C. S. INFTY.
KILLED IN BATTLE JUNE 25 1863

Oben: Im Vicksburg National Military Park   Unten: Das Shirley House im Vicksburg National Military Park   Unten: Eine zerfallene Kirche bei Grand Gulf   Oben: Eine Gedenkplatte im Vicksburg National Military Par

Oben, rechts, und Mitte rechts: Im Vicksburg National Military Park

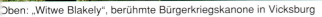

Oben: „Witwe Blakely", berühmte Bürgerkriegskanone in Vicksburg

Unten rechts und links: Im Vicksburg National Military Park

Oben: Die Dawt-Mühle

Links: Eine Kürbis-Puppe bei Sibley

Oben: Die Alley Springs-Mühle

Unten: Die Appleton-Mühle

Oben: Auf dem City-Markt in Kansas City

Oben: Maisernte

Unten: Wehr der Alley Springs-Mühle

Oben: Die Dillard-Mühle

Unten: Die Ballinger-Mühle

Oben: Das Haus Ravenswood bei Tipton

Unten: Das Vaille Mansion in Kansas City

Oben: Das Museum von Kansas City

Oben: Das Gerichtsgebäude von St. Louis

Unten: Der Giralda Tower in Kansas City

Unten: Das St. Charles Distriktgerichts-Gebäude

Unten: Gateway Arch in St. Louis

Oben: Jesse Hall der Universität von Missouri in Columbia

Unten: Das Herrenhaus Rockcliffe

Unten: Das Staatskapitol in Jefferson City

Oben: Gateway Arch in St. Louis

Unten: Das Haus von Mark Twain in Hannibal

Oben: Tabaktrocknung in Weston

Unten: Die Meramec-Höhlen bei Stanton

Unten: Weideland für Viehzucht

Oben: Tom Sawyer und Huckleberry Finn in Cardiff Hill

Unten: Der Mississippi bei Hannibal

Oben: Bergsilhouetten in Montana

Unten: Der Swiftcurrent-See im Glacier National Park

Der McDonald Creek vor der gewaltigen „Garten-Wand"

Alle Photos: Szenen aus Virginia City in Montana

Alle Photos: Cowboys bei der Arbeit auf Padlock Ranch, Bear Creek

Oben und unten: Getreideanbaugebiet westlich von Ogallala

Der Chimney Rock („Schornstein-Felsen") südöstlich von Scotts Bluff

Oben und unten: Rodeo in Gordon im Sheridan County

Rodeo in Gordon im Sheridan County

Oben: Im Zentrum von Omaha

Unten: Die Scouts Rest Ranch im Buffalo Bill State Historical Park

Das Scotts Bluff National Monument

Oben: In einem Kasino in Stateline

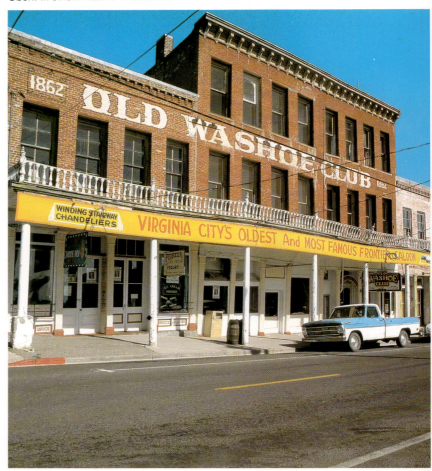

Oben: An der Fremont Street in Las Vegas Unten: Lake Tahoe

Oben: Saloon in Virginia City   Unten: In einem Kasino in Stateline

Oben: In Virginia City Unten: Kasino in Stateline

Oben: Am Lake Tahoe

Oben und Unten: Ponderosa Ranch, Incline Village

Oben und Unten: Ponderosa Ranch

Unten: In Virginia City

Unten: Ponderosa Ranch

Unten: Ponderosa Ranch

Oben und unten: Die restaurierte Virginia City

Unten: Eine Hotelbar in Virginia City

Unten: Virginia City

Oben: Virginia City

Unten: Die Fourth-Ward-Schule in Virginia City

Oben: Bucket of Blood Saloon in Virginia City

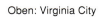

Oben: Leichenwagen in Virginia City

Unten: Virginia City

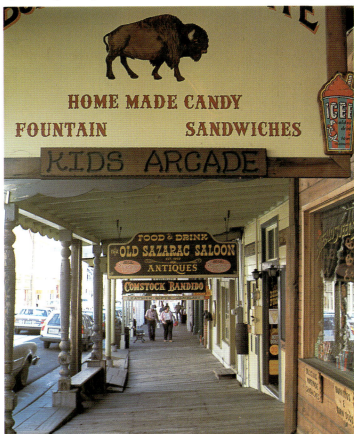

Oben: Der winterliche Gipfel von Mount Washington mit Zahnradbahn-Strecke   Unten: Der Echo-See bei North Conway   Rechts: Das Whitneys Inn bei Jackson

Oben: Erster Schnee in den White Mountains

Unten: Portsmouth

Unten: Das Mt. Washington Hotel in Bretton Woods

Oben: Im White Mountain-Nationalforst

Unten: Die Shaker-Siedlung in Canterbury

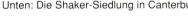

Oben: Ein Waldhaus bei Jackson

Unten: An den Glen Ellis-Wasserfällen

Rechts: Die Unions-Kirche in Stark

Oben: Ein Haus in den White Mountains

Unten: Im Attitash-Wintersportgebiet

Unten: Barret House in New Ipswich

Oben: Der Swift River bei Conway

Unten: Ein Leuchtturm bei Portsmouth   Unten: Im Rocky Gorge-Gebiet

Oben: Im Botanischen Garten Leamings Run in Swainton

Pier vor Ocean Grove

Oben: Princeton-Universität

Unten: Im Palmer-Stadion in Princeton

Oben: In Atlantic City

Unten: In Atlantic City

Unten: Oyster Creek bei Leeds Point

Unten: Farm im Süden von New Jersey

Oben: Im Hafen von Manasquan

Unten: Haus am Cape May

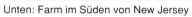

Unten: Wildwood bei Cape May

Unten: Trabrennen

Farmland in der Nähe des Flughafens von Trenton

Oben: Auf einer Farm in Newton

Unten: Am Spring Lake

Oben: Die Kirche „San Felipe de Neri" in Albuquerque

Unten: Die Missionskirche von San Miguel

Das Pueblo de Taos

Oben: Im Gila-Nationalforst

Unten: Shiprock („Schiffsfelsen") im San Juan County

Felsformationen in den Carlsbad-Höhlen

Oben: Im Hafen von Montauk

Unten: Jones Beach am Atlantischen Ozean

Jones Beach

Oben: Das Van-Cortlandt-Haus in Croton-on-Hudson

Unten: Im Park des Storm-Ring-Kunstzentrums

Oben: Das Van-Buren-Haus in Kinderhook

Unten: Nachstellung der Schlacht von Stony Point

Mitte rechts: Denkmal für General Patton in West Point

Unten: Auf dem Van-Cortlandt-Besitz in Croton-on-Hudson

Oben: Die Niagara-Fälle im Winter   Unten: Im New Windsor-Militärlager

Unten: Das Kapitol in Albany

Unten: Eingang zu Thayer Hall

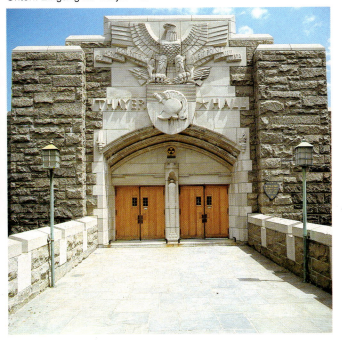

Oben: Der Finanz-Distrikt von New York

Unten: Im Central Park   Unten: In Manhatten

Oben: Turtle Bay im East River

Unten: In Manhattan

Unten: Der South Street-Hafen

Oben: Mühle auf Philipsburg Manor in North Tarrytown

Unten: Das Washington Irving-Anwesen

Unten: Das Hauptquartier von General Knox im New Windsor-Militärlager

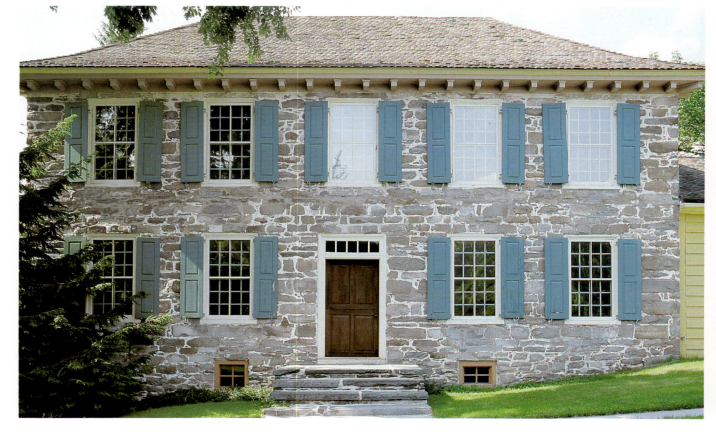

Oben: Der Hudson River bei Hyde Park

Oben: Der Vanderbilt-Palast

Unten: Der Hudson River bei Rhinecliff

Unten: Die Rip Van Winkle-Brücke bei Catskill

Unten: Empire State Plaza und das Kapitol in Albany

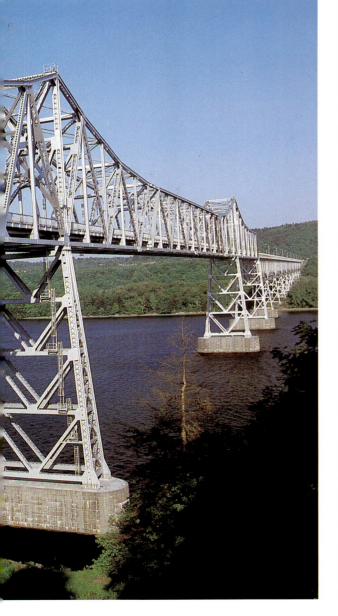

Oben: Die Home Moravian-Kirche in Old Salem

Unten: Eine Farm bei Raleigh

Heißluftballons

Oben: Tannahill in Wilmington

Unten: Die Orton-Plantage bei Wilmington

Oben: Ein Haus am Forest Hills Drive in Wilmington

Unten: In den Airlie-Gärten bei Wilmington

Der Leuchtturm am Cape Hatteras

Oben: Das Biltmore-Haus

Unten: Blick vom Blue Ridge Parkway südlich von Asheville

Oben: Auf einer Farm bei Berthold

Unten: Ölförderung bei Tioga

Farmland östlich von Williston

Oben: Blick auf das Zentrum von Cincinnati

Unten: Der Hafen von Toledo am Erie-See

Eine Brücke im Gebiet der Seven Caves („Sieben Höhlen") bei Bainbridge

Oben: Highway 75 überquert den Ohio River in Cincinnati

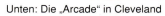

Unten: Die „Arcade" in Cleveland

Oben: Brücken über den Ohio

Oben: Central Bridge in Cincinnati

Oben: Das Lucas County Building in Toledo

Unten: Am Hafen von Toledo

Unten: Auf der Central Bridge in Cincinnati

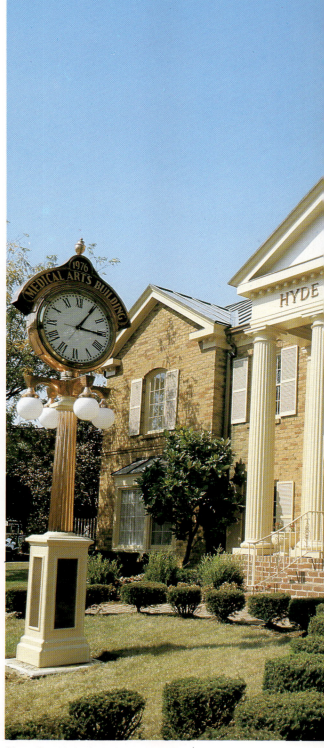

Oben: Die Clifton-Mühle

Unten: Die Williamstown-Brücke über den Ohio

Oben: Das Hyde Park Medical Arts Building in Cincinnati

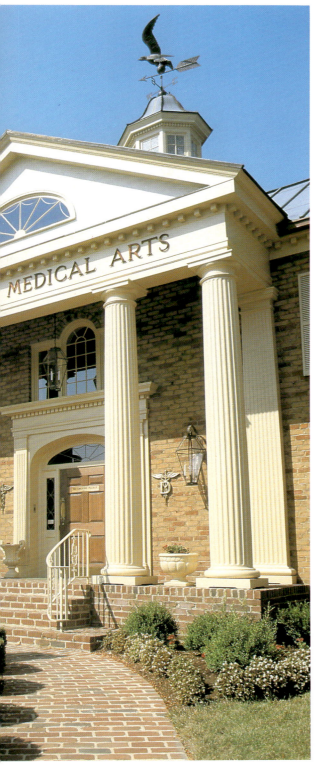

Oben: Das Hawthorn Hill-Anwesen

Unten: Maisfeld im westlichen Ohio

Unten: Tabakscheune bei Cincinnati

Unten: Das Kapitol in Columbus

Unten: Der Tyler Davidson-Brunnen in Cincinnati

Oben: Pferdekoppel bei Sallisaw

Oben: Viehhof in Oklahoma City

Unten: City of Faith Medical Center in Tulsa

Unten: Die Blue Ribbon Down-Rennbahn bei Sallisaw

Oben: Auf dem Arkansas River in Tulsa

Oben: Bei einem Indianerfest in Tulsa

Unten: Vor dem Cowboy-Museum in Oklahoma City

Oben: Im Boulder Park

Unten: Der Kiamichi River bei Rattan

Oben: Im Park des Philbrook Kunstzentrums

Unten: Das Kapitol in Oklahoma City

Unten: Das Philbrook Kunstzentrum

Oben: Skulptur vor dem Zentrum der Darstellenden Künste in Tulsa

Oben: Am Robert S. Kerr Park in Oklahoma City

Oben: Der Robert S. Kerr Park in Oklahoma City

Unten: An der Park Avenue in Oklahoma City

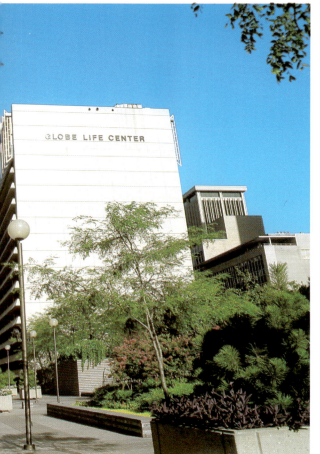

Unten: Im Woodward Park

Unten: In den Myriad Gardens in Oklahoma City

Oben: Highway bei Stanfield

Oben: In der Oneonta-Schlucht

Unten: Im Nationalen Dünen-Erholungsgebiet von Oregon

Unten: Am Cannon Beach

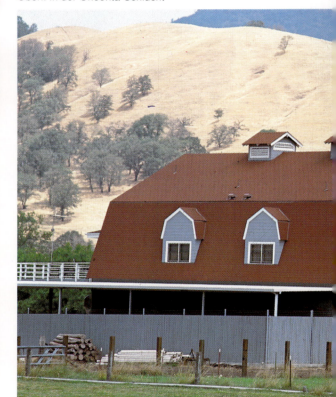

Unten: Blick auf Cannon Beach

Unten: Eine Farm in der Nähe des South Umpqua River

Oben: Mount Hood vor dem Trillium-See

Unten: Am Cannon Beach

Unten: Eine Stellers-Seelöwen-Kolonie

Oben: Im Zentrum von Portland

Unten: Im Washington Park in Portland

Oben: Die Morrison Street in Portland

Oben: Das Staatskapitol in Salem

Unten: Pioneer Courthouse Square in Portland

Oben: Die Yaquina Bay-Brücke in Newport

Unten: Blick auf Eugene

Oben: Küste vor dem Harris Beach State Park

Oben: Strand im Samuel Boardman State Park

Unten: Felsufer des Shore Acres State Park

Unten: Crater Lake im Winter

Oben: In der „Höllenschlucht" des Snake River

Oben: Die Multnomah-Wasserfälle

Unten: Das Nationale Dünen-Erholungsgebiet von Oregon

Unten: Im botanischen Garten des Shore Acres State Park

Oben: Blick auf das Gebiet westlich des Crater Lake

Unten: Sunrise Lodge im Bachelor Mountain-Skigebiet

Oben: Eine gedeckte Brücke bei Washingtonville

Unten: Im Lancaster County

Farmland im Lancaster County

Oben: Der Monongahela River in Pittsburgh   Unten: Allegheny Center und der Uhrenturm der Carnegie-Bibliothek in Pittsburgh

Oben und unten: Zentrum von Pittsburgh

nten: Gateway Clipper Station am Monongahela River in Pittsburgh

Unten: PPG Place in Pittsburgh

Oben: Carpenters' Hall in Philadelphia

Unten: Das Rathaus von Philadelphia

Unten: Die Skulpture „Love" von Robert Indiana in Philadelphia

Unten: Das Kriegsschiff „USS Olympia" am Penn's Landing in Philadelphia

Oben: Die Second Bank of the United States in Philadelphia

Oben: Penn's Landing in Philadelphia

Unten: Die Freiheitsglocke in Philadelphia

Unten: Chinatown in Philadelphia

Oben: Die First Bank of the United States in Philadelphia

Unten: Das Kunstmuseum von Philadelphia

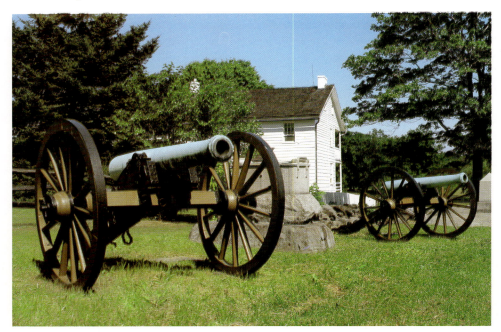

Alle Photos: Im Gettysburg National Military Park (Bürgerkriegsgedenkstätte)

Oben: Hauptquartier der „Army of the Potomac"

Oben und unten: Im Gettysburg National Military Park

Oben und unten: Im Gettysburg National Military Park

Oben: Eine Farm in Gettysburg   Unten: Im Gettysburg National Military Park

Oben: Das Staatskapitol in Providence

Oben: Bei der Newport-Segelregatta

Unten: Das Kasino von Newport

Unten: Die Thames Street in Newport

Unten: Das Château-sur-Mer

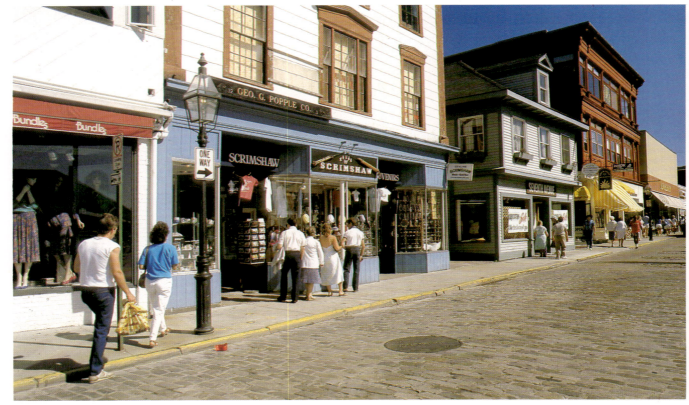

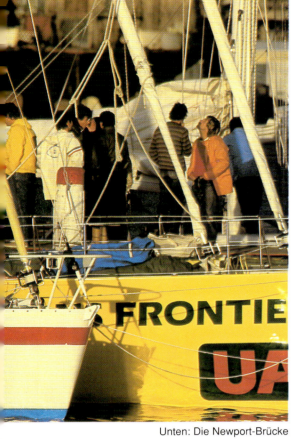

Unten: Die Newport-Brücke

Oben: Bowen's Wharf in Newport

Unten: Segler vor der Newport-Brücke

Oben: Newport

Unten: Die Trinity Church in Newport

Oben: Blick auf Newport Rhode Island

Unten: Die Newport-Brücke

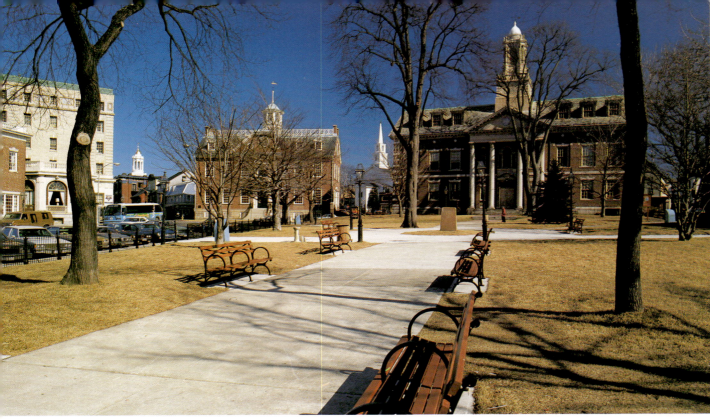

Oben: Das Old Colony House in Newport

Unten: Die Brown-Universität in Providence

Unten: Fischerboote in Narragansett

Oben: Ein Strand bei Misquamicut Unten: Bellevue Avenue in Newport

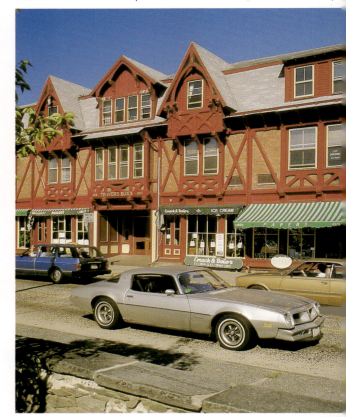

Unten: Misquamicut

Unten: Leuchtturm am Point Judith

Unten: Am Strand von Misquamicut

Unten: Das Haus „The Breakers" von Cornelius Vanderbilt in Newport

Unten: Die Newport-Brücke

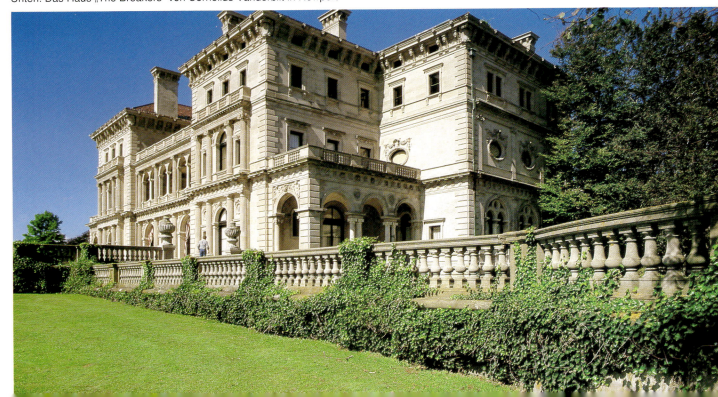

Das Haus der Wedge-Plantage bei Charleston

Oben und unten: In den Cypress-Gärten   Oben: Auf der Rose Hill-Plantage

Oben: Der Keowee-See

Oben: Die Rutledge Avenue am Colonial-See

Oben: St. Michael's Episcopal-Kirche in Charleston

Unten: Im Battery Park-Viertel von Charleston

Unten: Ballonfahrer nehmen an der Greenville-Freiheits-Woche teil

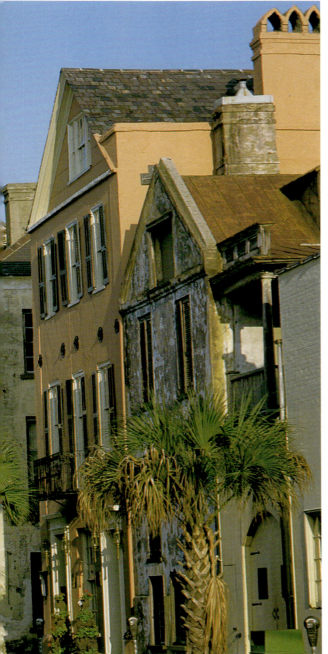

Unten: Am Edisto-Strand

Unten: Im Battery Park-Viertel von Charleston

Oben: Wagenburg im Custer State Park

Unten: Farmland an der Autobahn „Interstate 90"

Das Mount Rushmore-Monument

Oben und unten: Der Oahe-See bei Mobridge

Am River Valley Cedar Pass im Badlands National Park

Oben: Die „Interstate 40-Brücke" überquert den Wolf River

Unten: Der Nachbau des Fort Loudon in Vonore

Blick vom Boynton Park in Chattanooga

Oben: Pigeon Forge mit der „Alten Mühle"

Unten: Graceland in Memphis

Unten: Im Victorian Village District in Memphis

Unten: In Jonesboro

Oben: Der Little River in den Smoky Mountains

Unten: Das Stones River-Schlachtfeld in Murfreesboro

Oben: Die „Chimney Tops" in den Smoky Mountains

Unten: Blick vom Morton-Aussichtspunkt

Oben: Ein Fluß bei Greenbrier in den Smoky Mountains

Unten: Der Little River in den Smoky Mountains

Unten: Ein Schwarzbär in den Smoky Mountains

Oben: Die Guadalupe Mountains

Unten: Im Enchanted Rock-Naturgebiet

„El Capitan" im Guadalupe Mountains National Park

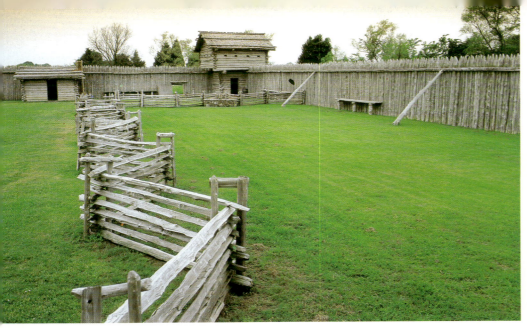

Oben: Das historische Old Fort Parker

Oben: Die Kapelle „Presidio Santa Maria del Loreto de la Bahia"

Oben: Blick auf El Paso

Unten: Ölplattform vor Galveston

Oben: Die Gouverneurs-Residenz in Austin

Unten: Manor Downs-Rennbahn in Austin

Unten: Old City Park Museum in Dallas

Oben: Das „Gelbe Haus" in Rockport   Unten: Das Zentrum von San Antonio

Unten: Der Santa Elena Canyon

Unten: Ein Pier am Seawall Boulevard in Galveston

Das Staatskapitol von Texas und die First Methodist Church in Austin

Oben: Die Alamo-Kapelle in San Antonio

Unten: Die „Mission Concepcion" in San Antonio

Oben und unten: Auf der La Rosita Ranch bei Eagle Pass

Oben: Auf der La Rosita Ranch bei Eagle Pass   Unten: Auf der X Ranch bei Kent   Oben: Auf der La Rosita Ranch bei Eagle Pass

Oben: Fischerboote vor Corpus Christi

Unten: Interstate Highway 35 südlich von San Antonio

Der Yachthafen von Corpus Christi

Oben: Im Zentrum von Houston

Unten: Der Wortham-Brunnen im Tranquility Park in Houston

Oben: Die Sweeney-Uhr an der Bagby Street in Houston

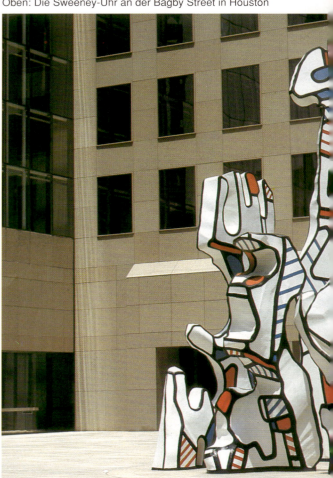

Unten: Niki de Saint Phalle-Skulptur auf dem InterFirst Plaza in Houston

Oben: Im Zentrum von Houston

Unten: Das Houston Center in Houston

Oben: Das Texas-Stadion in Irving

Unten: Die Main Street von Fort Worth

Der „Reunion Tower" in Dallas

Oben: Der „Sentinel" im Zion National Park

Unten: Die „Double Arch" im Arches National Park

Der „Watchman" im Zion National Park

Oben: Bryce Canyon National Park in Utah

Unten: Der „Paria-Ausblick" im Bryce Canyon National Park

Der „Märchen-Trail" im Bryce Canyon National Park

Oben: Eine Farm bei Rutland

Unten: Pferdekoppel im Dorf Peru

Blick auf Mount Ethan Allen

Oben: Ein Haus in Shelburne

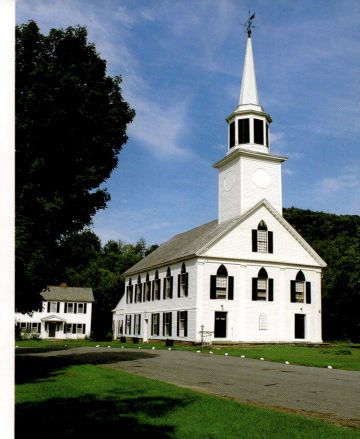

Unten: Das Mount Mansfield-Skigebiet

Oben: Eine Kirche in Townsend

Unten: Ein Haus in Woodstock

Oben: In Middletown Springs   Unten: Die Quechee-Wasserfälle

Oben: Winterlandschaft   Unten: In Grafton   Unten: Eine Kirche in Poultney

Oben: Das Staatskapitol in Montpelier

Unten: Windham Cottage in Grafton

Unten: In Grafton

Oben: West Danville an „Joes Teich"

Unten: Das Vermont College in Burlington   Unten: Die Equinox Valley-Gärtnerei bei Manchester

Oben: Eine gedeckte Brücke im Shenandoah Valley

Unten: Denkmal für „Stonewall" Jackson, Monument Avenue in Richmond

THE LINCOLN GUN

CAST IN 1860, THIS WAS THE FIRST 15-INCH RODMAN GUN. ITS RANGE WAS MORE THAN FOUR MILES. WEIGHT OF THE PROJECTILE WAS OVER 300 LBS. DURING CIVIL WAR IT WAS USED TO BOMBARD CONFEDERATE BATTERIES ON SEWELLS POINT. THE GUN WAS NAMED FOR PRESIDENT LINCOLN IN MARCH 1862.

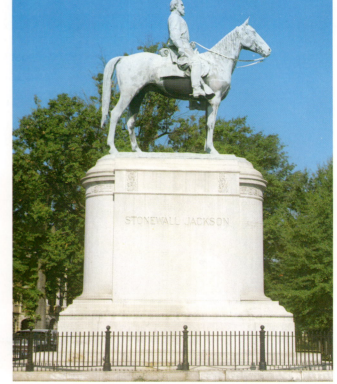

STONEWALL JACKSON

Oben: Die Lincoln-Kanone in Fort Monroe

Unten: Am Virginia-Strand in Ocean Front

Unten: Auf dem Petersburg-Schlachtfeld

Oben: Die Washington Street in Alexandria

Oben: Die King Street in Alexandria

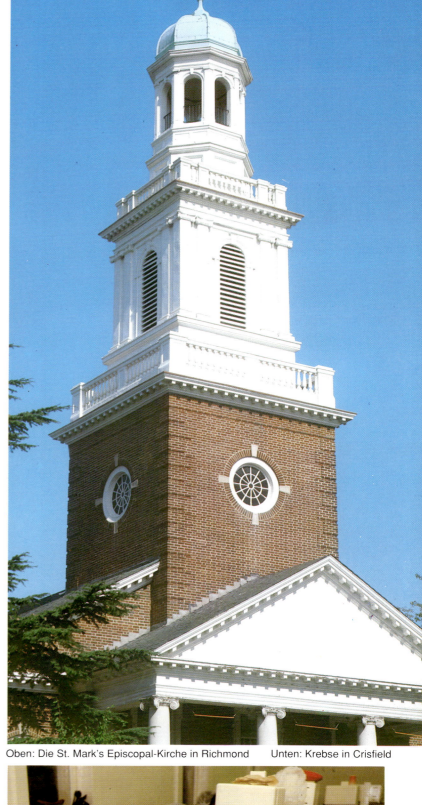

Oben: Die St. Mark's Episcopal-Kirche in Richmond   Unten: Krebse in Crisfield

Oben: Das Moore House in Yorktown

Unten: In Norfolk

Oben: Auf Chatham Manor bei Fredericksburg

Unten: Im Garten von „Ash Lawn" in Charlottesville

Links: Haus Sherwood Forest

Oben: Auf Ash Lawn in Charlottesville

Unten: Monticello in Charlottesville

Oben: Monticello in Charlottesville

Unten: Mount Vernon

Unten: Oatlands bei Leesburg

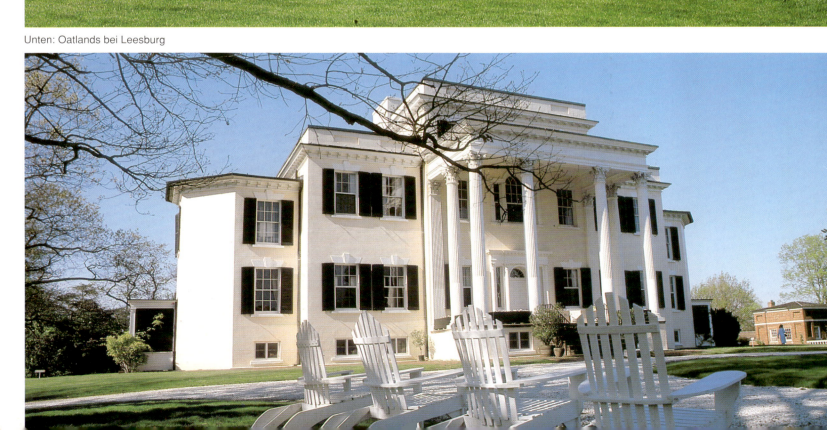

Oben: Das Regiment der Staats-Garnison und die Miliz von Williamsburg feiern den Unabhängigkeitstag

Unten: „Der Salut der Freude" wird am 4. Juli in Colonial Williamsburg abgefeuert

Oben: Der Gouverneurs-Palast in Colonial Williamsburg

Rechts: „Das Magazin" in Colonial Williamsburg

Unten: Der Gouverneurs-Palast in Colonial Williamsburg

Oben und unten: Die Berkeley-Plantage bei Williamsburg

Rechts: Die botanischen Gärten von Norfolk

Oben: Schlepper im Hafen von Seattle

Unten: Blick auf das Zentrum von Seattle mit „Space Needle"-Turm im Vordergrund

Mount Shuksan

Oben und Unten: Farmland im Palouse-Gebiet

Regenwald an der Pazifikküste

Oben: Am Rialto Beach

Unten: Die Schlucht des Palouse River

Der „Glacier Peak" in den Cascade Mountains

Oben: Blick auf das Zentrum von Seattle

Unten: Blick auf den „Space Needle"-Turm

Mount Adams spiegelt sich im Takhlakh-See

Oben: Harpers Ferry in den Blue Ridge Mountains

Unten: Der Shenandoah River bei Harpers Ferry

Die Eisenbahnbrücke bei Harpers Ferry

Oben: Die Fußgängerbrücke bei Harpers Ferry in den Blue Ridge Mountains   Unten: Hauptverwaltung des Shenandoah Nationalparks   Unten: Eine Farm bei Harpers Ferry

Oben: Die Eisenbahnbrücke bei Harpers Ferry

Unten: Im Ort Harpers Ferry

Oben: Wildwachsende Lupinen nördlich von Washburn

Unten: Überfrorene Marschlandschaft am Superior-See bei Port Wing

Das Staatskapitol im Zentrum von Madison

Im Lakeside Park in Milwaukee

Oben: Bayfield am Superior-See

Unten: Eine Landstraße bei Eau Claire

Oben: Die Minerva-Terrasse der Mammoth Hot Springs im Yellowstone National Park

Unten: Der „Castle Geyser" im Yellowstone National Park

Der Jackson-See vor den Grand Teton Mountains

In der Schlucht des Shoshone River

Oben: Das Oxbow Bend-Gebiet mit Mount Moran im Hintergrund

Unten: Die Snowy Mountains

Oben und unten: Die Grand Tetons

Der Snake River im Grand Teton National Park

Der Grand Teton

Oben: Die Grand Tetons

Unten: Der Snake River am Oxbow Bend